Pequeño chef

Aprende a cocinar fácilmente

Grupo Editorial Tomo, S.A. de C.V.
Nicolás San Juan 1043,
03100, México, D.F.

Conte

Una muestra de los *muffins* fáciles de preparar, página 94.

Nachos con frijoles, página 50

Pastel *gourmet* de zanahoria, página 92

n i d o

Pollo asado, página 18

Sopa de calabaza, página 16

Papas *hash brown*, página 81

Todas las recetas de este libro
fueron probadas tres veces.

Cuando probamos nuestras recetas las
clasificamos para facilitar su preparación.
A continuación te presentamos las
clasificaciones utilizadas en las recetas
de este libro, lo cual hace que sea
más fácil usarlo y entenderlo.

El símbolo de una cazuela indica que la receta
es sencilla y, por lo general, rápida de
preparar —perfecta para principiantes.

El símbolo de dos cazuelas indica
la necesidad de un poco más de cuidado
y un poco más de tiempo.

El símbolo de tres cazuelas indica platillos
especiales que requieren invertir más tiempo,
cuidado y paciencia —pero los resultados
valen la pena.

Importante: Quienes corran el riesgo de sufrir
intoxicación por salmonela (ancianos,
embarazadas, niños pequeños y quienes
padecen deficiencias en el sistema
inmunológico) deben consultar a su médico
sobre el riesgo de consumir huevos crudos.

Guía para el horno: Descubrirás que el tiempo
de cocción varía dependiendo del tipo de
horno que uses. En el caso de hornos de
ventilación forzada, como regla general,
ajusta la temperatura 20°C (35°F) menos que
la temperatura indicada en la receta.

Cómo…

Unos cuantos tips, términos e ideas que harán que cocines con toda confianza en muy poco tiempo

Introducción

¿Así que quieres aprender a cocinar? Este libro es la mejor guía para preparar cualquier cosa, desde una sencilla botana hasta una cena para la familia y un postre irresistible acompañados de una ración de galletas. Es posible que necesites que algún adulto te ayude en algunas cosas, pero no dejes que se lleve todo el crédito por tus suculentas creaciones.

No te preocupes si, en un principio, los adultos están algo renuentes a dejarte libre en la cocina —una vez que hayas servido tu primer éxito seguramente te pedirán que tú prepares la comida de todos los días.

Intentamos presentar las versiones tradicionales de la mayoría de las recetas para que sepas cómo deben prepararse. Esto significa que algunos platillos pueden contener alcohol y, depende de para quién cocines, si querrás incluirlo o no. Si prefieres puedes usar caldo. Y las pequeñas cantidades de alcohol pueden omitirse. El alcohol pierde el contenido alcohólico cuando lo cocinas, pero mantiene su sabor.

Para empezar

El verdadero secreto para ser un buen cocinero es ser una persona organizada. Esto significa leer completamente la receta antes de comenzar y reunir todos los ingredientes y el equipo que vas a necesitar. No hay nada peor que llegar a la mitad de la receta, darte cuenta de que te falta un ingrediente esencial y tener que chantajear a tu hermanito para que vaya corriendo a la tienda.

Si es necesario, no olvides precalentar el horno y preparar el recipiente en el que vas a hornear. Haz todo lo que puedas antes, como pelar, picar o rallar verduras.

Trata de evitar las interrupciones y las distracciones. Consulta la receta conforme avances, revisa dos veces que hayas añadido todos los ingredientes en el momento adecuado y pon atención en el siguiente paso. Ten cerca un reloj de cocina o un cronómetro para verificar el tiempo. Y recuerda, trata de limpiar conforme avanzas, así te ahorras tiempo de limpeza al terminar y mantienes en orden tu área de trabajo.

Para medir

Cuando ya tienes experiencia cocinando puedes empezar a calcular las cantidades de manera acertada, pero esto lleva tiempo. Una medida errónea, en especial cuando horneas, puede ser la diferencia entre un éxito y un fracaso. Mide todo con mucho cuidado. Si la receta pide una taza de algo, como harina, por ejemplo, se refiere a una taza medidora y no a la que usas para tomar té. También necesitas un juego de cucharas medidoras —no caigas en la tentación de usar cualquier cuchara de la cocina.

Compras y tips para guardar

Hay tres lugares principales para guardar: la alacena, el refrigerador y el congelador. La mayoría de los ingredientes "secos" se conservan bien en la alacena, que debe ser oscura, fresca y seca. Una vez abiertos es buena idea guardar el contenido de los paquetes en recipientes herméticos, en especial si hay humedad y los gorgojos son un problema. La comida enlatada se conserva durante meses, siempre y cuando las latas no estén oxidadas ni dañadas. Los alimentos en botes o tarros, como pepinillos, jaleas o mermeladas, deben refrigerarse después de abrirlos. Compra pequeñas cantidades de

ingredientes que no se usen con frecuencia. Revisa las fechas de caducidad y haz limpiezas regularmente, así siempre sabrás qué tienes y qué tan fresco está. No tengas piedad y tira cualquier cosa que se vea sospechosa, en especial si está en el refrigerador o en el congelador.

- La carne se conserva hasta 3 días en el refrigerador y hasta 6 meses en el congelador. Para congelar la carne envuelve ajustadamente cada pieza en plástico adherente, métela en una bolsa para congelar y sácale el aire. Escribe la fecha y qué es en la bolsa. Para descongelar, colócala en un plato grande y déjala en el refrigerador —nunca descongeles a temperatura ambiente ni con agua—. No vuelvas a congelar carne descongelada a menos que la hayas cocido antes.
- Debes tener mucho cuidado con el pollo porque puede alojar bacterias de salmonela. Refrigéralo durante 2 días máximo o congélalo hasta 6 meses. Descongela el pollo igual que la carne y cuécelo dentro de las siguientes 12 horas después de descongelarlo. No dejes que el pollo crudo esté en contacto con otros alimentos dentro del refrigerador.
- Las verduras pueden estar en el compartimento especial para verduras. Las verduras con hojas se mantienen crujientes si las lavas, las secas y las metes en una bolsa grande de plástico con cierre (no le saques el aire). Las papas y las cebollas deben estar en un lugar fresco y oscuro con un poco de ventilación. El mejor consejo es comprar las verduras cada dos días. Así evi-

Puntos de seguridad

Te presentamos los siguientes consejos y tips para que cocinar sea una experiencia agradable y segura.

- Siempre pídele permiso a un adulto antes de empezar a cocinar.
- Primero que nada lávate bien las manos con agua y jabón.
- Ponte un delantal para proteger tu ropa y utiliza zapatos cerrados con suela antiderrapante.
- Los cocineros muy jóvenes deben pedirle a un adulto que les ayude a picar. Nunca cortes nada directamente sobre los muebles de la cocina —utiliza siempre una tabla para picar.
- Usa siempre guantes para agarrar cosas calientes cuando saques algo del horno.
- Voltea los mangos de las sartenes hacia los lados cuando estés cocinando para que no los golpees.
- Nunca uses aparatos eléctricos cerca del agua. Sécate bien las manos antes de comenzar a usar cualquier aparato eléctrico.
- Ten cuidado con las cacerolas y las sartenes que estén en la estufa. No pases el brazo sobre una sartén caliente con comida —el vapor puede estar muy caliente y puedes quemarte.

tarás que se desperdicien y sabrás que están frescas. También puedes cultivarlas tú —muchas pueden crecer en macetas incluso en el lugar más reducido.

Conoce los términos de cocina

Hervir. Calentar una mezcla (por lo general, líquida) hasta alcanzar el punto de ebullición. Se forman burbujas en la superficie y se mueven rápidamente. Para que un líquido suelte el hervor en poco tiempo, cubre la cacerola con una tapa. Destapa en cuanto comience a hervir para que el líquido no suba y se derrame.

Hornear. Cocer en el horno, el cual debe estar precalentado a la temperatura indicada antes de meter la comida. Si no estás seguro de la potencia de tu horno compra un termómetro para horno y déjalo dentro.

Batir. Trabajar una mezcla usando una batidora eléctrica o cuchara de madera. Se hace para mezclar los ingredientes y algunas veces para dejar que entre aire, como al batir las claras de huevo.

Incorporar. Mezclar ligeramente los ingredientes. Usa una cuchara grande de metal o una espátula de plástico y levanta y gira la mezcla, sin batir, hasta que esté integrada.

Marinar. Remojar los ingredientes, por lo general la carne, en una mezcla parecida a una salsa (marinada) que le dará sabor o la hará más suave.

Cernir. Pasar los ingredientes secos por un cedazo para quitar grumos y partículas no deseadas,

además de que añade aire para hacerlos más ligeros.

Hervir a fuego lento. Hacer que una mezcla (líquida por lo general) hierva ligeramente sobre fuego lento. La superficie burbujea un poco.

Cocer al vapor. Cocer las verduras en una olla de agua hirviendo.

Cómo cocer la pasta

Usa la cacerola más grande que tengas. Por cada 500g (1 lb) de pasta necesitas, por lo menos, 4 litros de agua. Si pones demasiada pasta en la cacerola, no se cuece de manera uniforme y se pega. Deja que el agua suelte el hervor, añade la pasta y muévela una vez.

Revisa la cocción un poco antes del tiempo indicado. Cuece un poco más si es necesario.

El agua dejará de hervir, así que tapa la cacerola y deja que hierva de nuevo. En cuanto hierva quita la tapa y comienza a tomar el tiempo. El tiempo de cocción depende de la marca, el tamaño y la forma de la pasta, así que lee las instrucciones del paquete. Justo antes del tiempo indicado saca un trozo de pasta y pruébalo. Si no

está listo sigue probando cada dos minutos. La pasta está en su punto cuando está suave, pero firme, sin que sepa cruda; esto se conoce como "al dente". Cuela la pasta y úsala como se indica en la receta.

Cómo cocer el arroz

El arroz se cuece de muchas maneras, aunque las más comunes son hervido y por absorción. El método hervido es el más rápido y casi a prueba de errores, pero el arroz puede quedar con un poco de líquido. En una cacerola grande hierve agua, añade el arroz y deja que suelte el hervor. Cuece durante 12 minutos o hasta que el arroz esté suave y escúrrelo bien en un colador. (El arroz integral tarda alrededor de 40 minutos en cocerse.)

El método por absorción requiere un poco de práctica pero, si se hace bien, el resultado es un arroz ligero y esponjado. Coloca 2 tazas (400g/ 12 ⅔ oz) de arroz blanco de grano largo en un colador y enjuágalo bajo el chorro de agua fría hasta que ésta salga limpia. Deja que escurra. En una cacerola mediana pon 3 tazas (750ml/ 24 fl oz) de agua, tapa la cacerola y deja que suelte el hervor. En cuanto el agua hierva añade el arroz y muévelo

Cuando el arroz se cuece por el método de absorción debe enjuagarse antes para eliminar el exceso de almidón.

una vez para repartir los granos. Vuelve a tapar para que suelte el hervor. Reduce el fuego lo más que puedas y cuece de 7 a 10 minutos o hasta que el arroz haya absorbido casi toda el agua. Apaga el fuego y deja que se cueza con el vapor durante 5 minutos más. Revuelve con un tenedor para que le entre aire y sirve.

Cómo hacer una duya

Parte de la diversión de hacer pasteles y galletas es decorarlos. Para decorar con líneas finas necesitas hacer una duya con una bolsa. Puedes usar una bolsa pequeña de plástico con una esquina cortada.

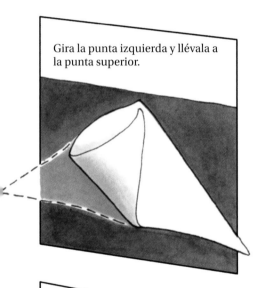

Gira la punta izquierda y llévala a la punta superior.

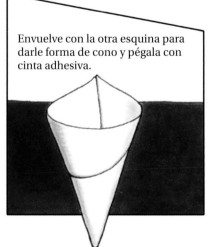

Envuelve con la otra esquina para darle forma de cono y pégala con cinta adhesiva.

Corta un cuadrado de 25cm (10 in) de papel encerado. Puedes usar papel para hornear pero es un poco más difícil si no lo has hecho nunca. Dobla el papel a la mitad diagonalmente para formar un triángulo. Coloca el lado más largo frente a ti, gira la punta izquierda y llévala a la punta superior. Detenla ahí mientras envuelves con la otra esquina para darle forma de cono. Pega con cinta adhesiva. Dobla los extremos salientes hacia dentro del cono. Rellena con chocolate derretido o glaseado y dobla la parte superior para sellar. Corta la punta. Para usarla presiona ligeramente desde la parte superior de la bolsa.

Cómo hacer pan molido fresco

Algunas recetas piden pan molido seco y se refieren al que compras en paquetes. Si la receta pide pan molido fresco, entonces necesitas hacerlo tú mismo.

Rompe el pan en trozos y colócalo en el procesador de alimentos.

Quita las costras de las rebanadas del pan blanco del día anterior y rómpelo en pedacitos. Coloca los trozos en el procesador de alimentos y muélelos un poco. El pan molido fresco es más grande y más esponjoso que el seco. Para 1 taza (80g/ 2 ⅔ oz) de pan molido fresco necesitas 5 rebanadas de pan. Hacer pan molido fresco es una buena forma de usar el pan del día anterior, sellado en una bolsa para congelar se conserva en el congelador hasta 3 meses.

Cómo hacer caldo

Puedes encontrar el caldo en diferentes formas, la que elijas es cuestión de sabor y de ser práctico. En el supermercado lo encuentras preparado en envases de cartón o en cubos. Los cubos de caldo disueltos en 1 taza (250ml/ 8 fl oz) de agua equivalen a 1 taza de caldo. Revisa en el paquete la cantidad de caldo que se debe añadir al agua. Aunque, el mejor es el que se prepara en casa y puedes congelarlo en cantidades suficientes para usarlo en el futuro. No olvides que el caldo comercial es mucho más salado que el casero, así que prueba el platillo terminado antes de añadirle sal y pimienta.

1. Precalienta el horno a temperatura moderada (180°C/ 350°F). En un recipiente grande para horno coloca 1.5kg (3 lb) de huesos de pollo o de res con 2 cebollas picadas sin pelar, hornea durante 45 minutos o hasta que estén dorados. Usa pinzas para mover ocasionalmente durante la cocción. Cuando estén listos transfiere a una cacerola de base gruesa.

2. Añade 2 zanahorias picadas grueso y sin pelar, 2 tallos de apio picados con las hojas, 12 granos enteros de pimienta negra y 3 litros de agua. También agrega un *bouquet garni*, o sea, una ramita de perejil, una de tomillo y una hoja de

En un recipiente grande para horno coloca los huesos y la cebolla, hornea hasta que estén bien dorados.

laurel envueltas en un pedazo de muselina.

3   Deja que suelte el hervor, inmediatamente reduce a fuego lento y hierve, sin tapar, durante 3 horas. Quita la espuma que se forme en la superficie. Enfría ligeramente el caldo y pásalo por un colador a un tazón.

Cuela el caldo con un colador fino.

4   Deja enfriar y quita la grasa que se acumule en la superficie. Se conserva en el refrigerador hasta 7 días y congelado hasta 6 meses. Nota: para hacer caldo de verduras haz el mismo procedimiento a partir del paso 2, pero añade 4 cebollas, 5 zanahorias, 2 nabos, 5 tallos de apio, un *bouquet garni* y 12 granos de pimienta.

Hierve los ingredientes a fuego lento en 3 litros de agua durante 1 hora o hasta que el líquido se reduzca a la mitad. Cuela y guarda como se indicó antes.

Cómo forrar un molde redondo

Usamos papel para horno, que es antiadherente, para forrar los moldes. Puedes usar papel encerado normal, pero debes barnizarlo con mantequilla derretida o aceite después de forrar el molde. Los moldes cuadrados son fáciles de forrar, pero los redondos tienen su chiste, así que sigue estas instrucciones.

1   Arranca un trozo cuadrado de papel para horno que sea un poco más grande que el molde. Coloca el molde sobre el

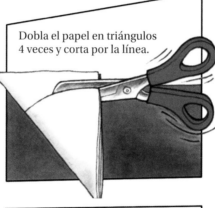

Dobla el papel en triángulos 4 veces y corta por la línea.

Haz un doblez a lo largo de la orilla del papel y haz cortes en el doblez, con una separación de 1cm (½ in).

papel y traza un círculo por fuera del molde.

2   Barniza ligeramente el molde con aceite o mantequilla derretida para que el papel no se mueva.

3.   Dobla el papel en triángulos 4 veces de manera que la línea coincida; corta a lo largo de la línea.

4.   Corta una tira del papel del tamaño suficiente para rodear el interior del molde y que se encime un poco. Corta la tira 2cm (¾ in) más ancha que la altura del molde. Haz un doblez de 2cm (¾ in) en el lado largo de la tira; haz cortes en el doblez con 1cm (½ in) de separación. Forra el interior del molde con la tira, el doblez debe quedar alrededor del fondo y la orilla cortada sobre la base. Coloca el círculo de papel sobre la base.

Para evitar que se estrellen sumerge los huevos con una cuchara.

Cómo hervir un huevo

Llena una cacerola con tres cuartos de agua. Añade los huevos. Es más difícil que se rompan si están a temperatura ambiente, no recién sacados del refrigerador. Coloca a fuego medio-alto y comienza a contar el tiempo en cuanto el agua comience a hervir. Los huevos duros tardan 8 minutos y los huevos tibios tardan 3 minutos. Cuando estén cocidos sácalos de la cacerola con una cuchara.

Cómo pelar el ajo

Coloca un diente de ajo sobre una tabla. Coloca la hoja ancha del cuchillo horizontalmente sobre el ajo y dale un golpe con la mano. La cáscara debe salir fácilmente.

Golpea el lateral del cuchillo con la mano.

Cómo preparar *gravy*

Una vez que el asado de carne está listo es hora de preparar el *gravy*.

1. En una charola para hornear espolvorea 2 cucharadas de harina. Coloca bajo la parrilla precalentada a termperatura moderada durante 5 minutos o hasta que la harina comience a dorarse. Revuelve ocasionalmente para que se dore parejo. Esto da color y sabor al *gravy*.

Cuece la harina hasta que dore, revolviendo ocasionalmente.

Añade poco a poco el caldo, revolviendo hasta que esté suave después de cada adición.

2. Retira la carne del recipiente y reserva tapada con papel aluminio. Coloca el recipiente sobre la estufa a fuego medio-bajo y esparce la harina tostada sobre el líquido de cocción. Con una cuchara de madera revuelve hasta que se forme una pasta suave y cuece durante 2 minutos, revolviendo constantemente.

3. Necesitas 2 tazas (500ml/ 16 fl oz) de caldo, depende de lo ligero que quieras el *gravy* (usa caldo de pollo, de res o de verduras). Agrega poco a poco el caldo, revolviendo para que la mezcla esté suave después de cada adición. Si añades más caldo antes de disolver los grumos, ya no hay forma de deshacerlos.

4. Cuando hayas añadido todo el caldo deja que suelte el hervor, reduce ligeramente el fuego y cuece durante 1 minuto más, revolviendo. Sazona con sal y pimienta al gusto; consérvalo en una jarra caliente para servir con la carne.

Cómo batir claras de huevo

Al seguir estas reglas básicas te será fácil obtener picos suaves:

- Los utensilios deben estar limpios y secos. Si el tazón o la ba-

tidora tienen algo de grasa, las claras no suben aunque batas mucho tiempo.

- Usa el tamaño del tazón indicado en la receta. Si bates 1 o 2 claras en un tazón grande se esparcirán por todo el tazón. La misma regla se aplica para acremar un poco de mantequilla y azúcar.

- Cuando incorpores azúcar, como para el merengue, bate primero las claras hasta que formen picos suaves. Después añade el azúcar gradualmente, una cucharada a la vez, y bate hasta que se disuelva antes de añadir más (revisa con los dedos si se

Primero añade azúcar gradualmente, bate hasta que se disuelva antes de añadir más.

siente arenosa). Conforme avances puedes agregar mayores cantidades de azúcar.

¿Qué quiere decir picos suaves? Las claras se baten hasta que la mezcla mantiene su forma, pero las puntas de los picos se curvan un poco.

¿Qué quiere decir picos firmes? La mezcla se pone firme y los picos no se curvan. Ten cuidado de no batir en exceso en este paso porque la mezcla puede separarse.

Sopas sensacionales

Con un nutritivo tazón de sopa, una ensalada y un trozo de pan tienes una sencilla comida completa

Sopa minestrone

Tiempo de preparación: 30 minutos

Tiempo total de cocción: 40 minutos

Porciones 4

1 cucharada de aceite

1 cebolla, picada

1 tira de tocino, picada

1 diente de ajo, machacado

1¼ litros de caldo de res (ver página 7)

2 jitomates, picados

1 zanahoria, picada

1 papa, picada

1 tallo de apio, picado

2 cucharadas de puré de tomate

1 calabacita, rebanada

100g (3 ⅓ oz) de ejotes, picados

⅓ taza (50g/ 1 ⅔ oz) de macarrones

2 cucharadas de perejil fresco, picado

300g (9 ⅔ oz) de frijoles bayos, de lata

Queso parmesano, rallado finamente, para servir

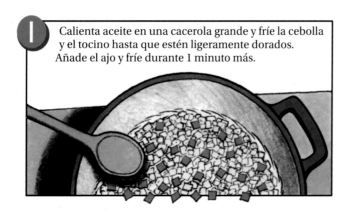

1 Calienta aceite en una cacerola grande y fríe la cebolla y el tocino hasta que estén ligeramente dorados. Añade el ajo y fríe durante 1 minuto más.

2 Agrega el caldo, los jitomates, la zanahoria, la papa, el apio y el puré de tomate. Deja que suelte el hervor, reduce el fuego y hierve a fuego lento durante 20 minutos.

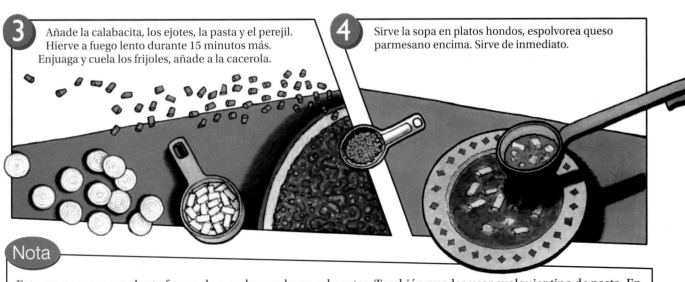

3 Añade la calabacita, los ejotes, la pasta y el perejil. Hierve a fuego lento durante 15 minutos más. Enjuaga y cuela los frijoles, añade a la cacerola.

4 Sirve la sopa en platos hondos, espolvorea queso parmesano encima. Sirve de inmediato.

Nota

Esta sopa es una excelente forma de usar las verduras sobrantes. También puedes usar cualquier tipo de pasta. En lugar de los frijoles bayos puedes usar alubias blancas o rojas.

Sopa de pollo con fideos

Tiempo de preparación:
20 minutos

Tiempo total de cocción:
15 minutos

Porciones 4 a 6

★

2 litros de caldo de pollo
(ver página 7)

1 taza (175g/ 5 ⅔ oz) de pollo,
cocido, finamente
desmenuzado

150g (4 ¾ oz) de pasta
de fideo

½ taza (30g/ 1 oz)
de perejil, picado

1 En una cacerola coloca el caldo y deja que suelte el hervor. Si tapas la cacerola hervirá más pronto.

2 Agrega el pollo desmenuzado, hierve a fuego lento de 1 a 2 minutos para calentar bien.

3 Añade la pasta de fideos a la cacerola. Cuece durante 5 minutos más, hasta que estén suaves.

4 Incorpora el perejil y sirve de inmediato.

Nota

Compra pollo al carbón para esta receta o fríe una pechuga deshuesada con un poco de mantequilla en una sartén hasta que esté dorada y bien cocida.

Sopa de verduras

Tiempo de preparación: 25 minutos + 8 horas para remojar

Tiempo total de cocción: 55 minutos

Porciones 6

1 taza (220g/ 7 oz) de sopa de sobre

2 cucharadas de aceite

1 cebolla grande, finamente picada

1 pimiento verde, picado

2 calabacitas, rebanadas

2 tallos de apio, rebanados

125g (4 oz) de champiñones, rebanados

2 zanahorias, peladas, rebanadas

1 papa grande, pelada, picada

500g (1 lb) de calabaza, pelada, picada

2 litros de caldo de verduras

1 En un tazón grande pon la sopa y cúbrela con agua fría. Déjala reposar durante 8 horas.

2 En una cacerola grande calienta el aceite, fríe la cebolla hasta que esté suave y un poco dorada. Agrega el pimiento verde, la calabacita, el apio y los champiñones, fríe revolviendo durante 5 minutos.

4 Cuela la sopa de sobre y añádela a la cacerola. Deja que suelte el hervor y reduce el fuego.

5 Tapa parcialmente la cacerola; hierve a fuego lento durante 45 minutos o hasta que las verduras estén muy suaves.

3 Agrega la zanahoria, la papa y la calabaza, revuelve para mezclar. Vierte el caldo.

Nota La sopa de sobre es una combinación de chícharos, cebada, lentejas y frijoles secos. Se vende en supermercados y tiendas de comida sana.

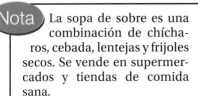

Sopa de chícharos con jamón

Tiempo de preparación:
20 minutos + tiempo para
remojar

Tiempo total de cocción:
2 horas 30 minutos

2 tazas (440g /14 oz) de
chícharos verdes partidos

750g (1 ½ lb) de huesos de jamón

2.5 litros de agua

1 tallo de apio, entero, picado

1 zanahoria, picada

1 cebolla, picada

3 puerros, rebanados

1 papa, picada

1 En un tazón grande pon los chícharos y cúbrelos con agua. Déjalos remojar durante 4 horas mínimo (máximo 8). Cuélalos antes de usarlos.

2 En una cacerola grande incorpora los huesos, los chícharos, el agua, el apio, la zanahoria y la cebolla. Coloca la tapa, deja que suelte el hervor, reduce el fuego y cocina a fuego lento durante 2 horas, hasta que los chícharos estén muy suaves.

3 Agrega el puerro y la papa, cocina durante 30 minutos más o hasta que las verduras estén suaves.

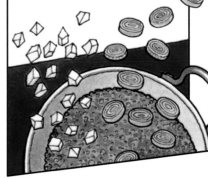

4 Saca los huesos de la sopa, separa la carne y pícala finamente.

5 Reserva la sopa en un tazón para enfriarla; pásala por el colador y regrésala a la cacerola. Incorpora el jamón y recalienta.

Sopa de cebolla francesa

Tiempo de preparación:
15 minutos

Tiempo total de cocción:
1 hora 15 minutos

Porciones 4 a 6

6 cebollas (1kg/ 2 lb
aproximadamente)

60g (2 oz) de mantequilla

1 cucharadita de azúcar

¼ taza (30g/ 1 oz) de harina

2 litros de caldo de res
(ver página 7)

1 barra de pan baguete

½ taza (60g/ 2 oz) de queso
cheddar, rallado

3 Agrega el azúcar y la harina, cuece revolviendo durante 1-2 minutos o hasta que la mezcla comience a tomar color dorado.

1 Pela la cebolla y rebana en aros finos.

2 En una sartén grande calienta la mantequilla, añade la cebolla y fríe a fuego lento durante 20 minutos o hasta que la cebolla esté dorada y muy suave.

4 Incorpora el caldo gradualmente y deja que suelte el hervor. Reduce el fuego y deja que siga hirviendo a fuego lento, tapada, durante 1 hora. Sazona al gusto con sal y pimienta.

5 Corta el pan en rebanadas de 2cm (¾ in) y acomódalas en una charola para horno. Asa en la parrilla hasta que se doren por un lado. Voltea el pan y espolvorea un poco de queso. Asa de nuevo hasta que el queso se derrita. Sirve la sopa con las tostadas de queso encima.

Sopa de calabaza

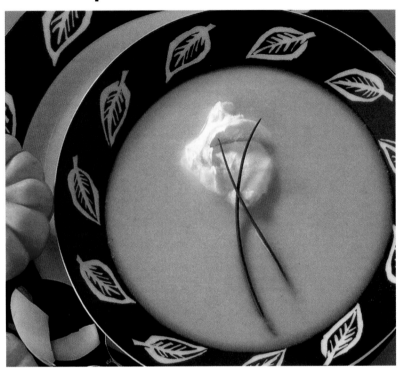

Tiempo de preparación: 25 minutos
Tiempo total de cocción: 40 minutos
Porciones 4 a 6

1kg (2 lb) de calabaza
60g (2 oz) de mantequilla
1 cebolla, picada
1 litro de caldo de pollo (ver página 7)
¾ taza (185ml/ 6 fl oz) de crema

1 Corta la calabaza en trozos grandes y quítale toda la cáscara. Pícala en pedazos más pequeños. Puede ser difícil de hacer, así que es mejor que lo haga un adulto.

2 En una cacerola grande calienta mantequilla, añade cebolla y fríe ligeramente durante 15 minutos o hasta que esté muy suave.

3 Añade la calabaza y el caldo. Tapa la cacerola y deja que suelte el hervor, reduce el fuego y hierve a fuego lento durante 20 minutos o hasta que la calabaza esté suave.

4 Con un machacador machaca la mezcla o, para lograr una textura más tersa, licúala en un procesador de alimentos o en la licuadora.

5 Deja que se enfríe antes de colocarla en la licuadora o en el procesador. Licúa en tandas pequeñas para que no se derrame la mezcla.

6 Regresa la sopa a la cacerola (si la licuaste), añade la crema y sal y pimienta al gusto. Revuelve a fuego lento hasta que esté bien caliente. Sirve con crema agria, si lo deseas.

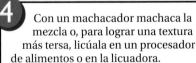
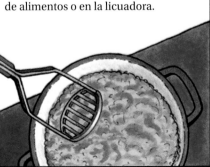

Crema de tomate

Tiempo de preparación:
15 minutos

Tiempo total de cocción:
25 minutos

Porciones 4

1 cucharada de aceite
de oliva

1 cebolla,
finamente picada

2 dientes de ajo,
machacados

3 x 410g (13 oz) latas de
tomate, machacado

3 tazas (750ml/ 24 fl oz)
de caldo de pollo
(ver página 7)

1 cucharada de puré
de tomate

2 cucharaditas
de azúcar morena

1 taza (250ml/ 8 fl oz)
de crema

1 En una cacerola grande calienta el aceite. Añade la cebolla y fríe hasta que esté muy suave y ligeramente dorada, revolviendo ocasionalmente. Agrega el ajo, fríe por 1 minuto más.

2 Agrega los tomates, el caldo, el puré y el azúcar. Deja que suelte el hervor y reduce el fuego.

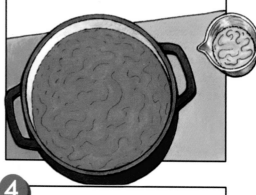

3 Hierve a fuego lento, con la olla parcialmente tapada, durante 20 minutos. Deja que se enfríe un poco y licúala en tandas en la licuadora o en el procesador de alimentos hasta que esté suave.

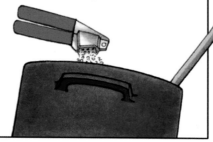

4 Devuelve la sopa a la cacerola, incorpora la crema y recalienta un poco. Una vez que le hayas añadido la crema, no dejes que hierva porque se cuaja.

Cena para los amigos

Realiza estas deliciosas cenas para impresionar a tus amigos y a tu familia; prepárate porque seguramente te pedirán que las repitas

Pollo asado

Tiempo de preparación:
30 minutos

Tiempo total de cocción:
1 hora 40 minutos

Porciones 4

1 pollo entero de 1.5kg (3 lb)

45g (1 ½ oz) de mantequilla

2 tiras de tocino,
finamente picadas

1 cebolla mediana,
finamente picada

1 tallo de apio,
finamente picado

1 ⅔ tazas (135g/ 4 ½ oz)
de pan molido, fresco

1 huevo, ligeramente batido

3 cucharadas de perejil,
finamente picado

2 cucharadas de tomillo
limón o salvia

1 cucharada de aceite

1 poco de jugo de limón

1 Precalienta el horno a temperatura moderada (180°C/ 350°F). Quita la grasa suelta del pollo. Enjuágalo bien y sécalo con papel absorbente. Si estaba congelado y lo descongelaste, también seca la cavidad.

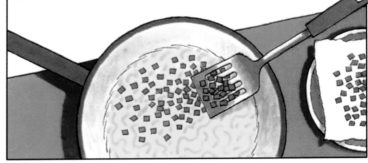

2 En una sartén calienta 20g (⅔ oz) de la mantequilla. Añade el tocino y fríe a fuego medio hasta que esté dorado y crujiente. Retira y escurre sobre papel absorbente. Añade la cebolla y el apio, fríe hasta que estén suaves.

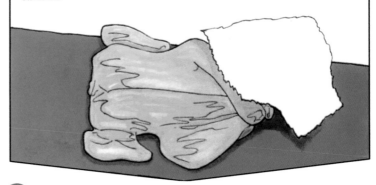

3 Mezcla tocino, cebolla y apio en un tazón. Agrega pan molido, huevo, perejil y tomillo o salvia. Puedes añadir un poco de ralladura de limón. Revuelve bien. Sazona con sal y pimienta.

4 Dobla las puntas de las alas y colócalas debajo del pollo para que no se quemen. Rellena la cavidad con la mezcla.

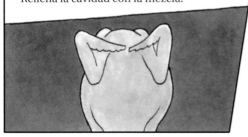

5 Ata las piernas para cerrar la cavidad. Coloca el pollo en el rostizador sobre un recipiente para horno. Agrega un poco de agua en la base del recipiente para que el pollo se humedezca mientras se cuece.

6 Derrite el resto de la mantequilla y revuélvala con el aceite, jugo de limón, sal y pimienta; unta la mezcla sobre el pollo y hornea durante 1 hora 25-30 minutos o hasta que esté dorado y el jugo salga claro cuando perfores la parte más gruesa con una brocheta. Cubre con papel aluminio y deja reposar mínimo 5 minutos antes de rebanar. Sirve con *gravy* (ver receta en la página 9) y verduras asadas (ver receta en la página 38).

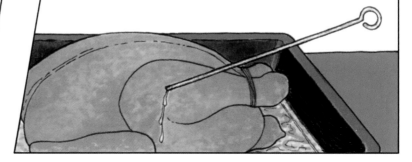

Espagueti a la boloñesa

Tiempo de preparación:
15 minutos

Tiempo total de cocción:
1 hora 40 minutos

Porciones 4 a 6

2 cucharadas
de aceite de oliva

1 cebolla grande,
finamente picada

1 zanahoria mediana,
finamente picada

1 tallo de apio,
finamente picado

2 dientes de ajo, machacados

500g (1 lb) de carne
de res, molida

2 tazas (500ml/ 16 fl oz) de
caldo de res (página 7)

1 taza (250ml/ 8 fl oz)
de vino tinto

800g (1 lb 10 oz) de tomates
de lata, machacados

2 cucharadas
de perejil fresco, picado

500g (1 lb) de espagueti

Queso parmesano, para servir

1 En una cacerola grande calienta el aceite. Añade la cebolla, la zanahoria y el apio; fríe hasta que la cebolla esté suave y ligeramente dorada, revolviendo ocasionalmente. Agrega el ajo y fríe 1 minuto más.

2 Agrega la carne y desmenúzala con un tenedor mientras se cuece. Cuando esté bien dorada agrega el caldo, el vino, los tomates sin colar y el perejil.

5 Coloca la salsa boloñesa sobre el espagueti, espolvorea el queso encima y sirve de inmediato.

3 Deja que suelte el hervor, reduce a fuego muy lento y cocina, sin tapar, durante 1 hora 30 minutos, revolviendo ocasionalmente. Sazona al gusto con sal y pimienta.

4 En otra cacerola grande con agua hirviendo cuece el espagueti hasta que esté apenas suave (12 minutos aproximadamente). Cuela bien y reparte en tazones para servir.

Penne con verduras

Tiempo de preparación:
20 minutos

Tiempo total de cocción:
15 minutos

Porciones 4

500g (1 lb) de penne

3 cucharadas de aceite de oliva

3 calabacitas, rebanadas

2 dientes de ajo, machacados

3 cebollas de cambray, picadas

1 pimiento rojo, cortado en tiras

⅓ taza (65g/ 2 ¼ oz) de granos
de elote, de lata

3 jitomates, picados

2 cucharadas de perejil fresco,
picado

1 En una cacerola grande con agua hirviendo cuece la pasta hasta que apenas esté suave (12 minutos aproximadamente).

2 En una sartén grande calienta 2 cucharadas del aceite, añade las calabacita y cuécelas, revolviendo, durante 3 minutos.

3 Agrega el ajo, la cebolla, el pimiento y los elotes, revuelve durante 3 minutos.

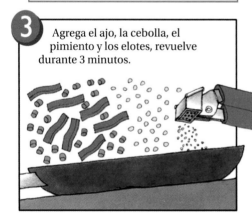

4 Añade los jitomate a la mezcla de verduras y reserva.

5 Cuela la pasta y regrésala a la cacerola. Agrega el perejil y el resto del aceite, revuelve para mezclar.

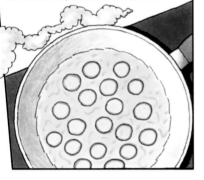

6 Reparte la pasta en tazones para servir, coloca las verduras encima. Sirve de inmediato.

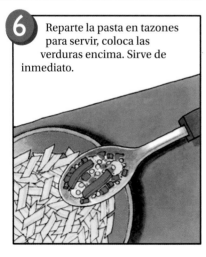

Lasaña

Tiempo de preparación:
30 minutos

Tiempo total de cocción:
1 hora 15 minutos

Porciones 4 a 6

☆ ☆

250g (8 oz) de láminas
de lasaña precocida

½ taza (75g/ 2 ½ oz)
de queso *mozzarella*, rallado

½ taza (60g/ 2 oz) de queso
cheddar, rallado

½ taza (125ml/4 fl oz)
de crema

¼ taza (25g/ ¾ oz) de queso
parmesano, recién rallado

Salsa de queso

60g (2 oz) de mantequilla

⅓ taza (40g/1 ⅓ oz)
de harina

2 tazas (500ml/16 fl oz)
de leche

1 taza (125g/ 4 oz) de queso
cheddar, rallado

Salsa de carne

1 cucharada de aceite
de oliva

1 cebolla, finamente picada

1 diente de ajo, machacado

500g (1 lb) de carne de res,
molida

800g (1 lb 10 oz) de tomates
de lata, machacados

¼ taza (60ml/2 fl oz)
de vino tinto

1 cucharadita de hojas
de orégano, seco

1 cucharadita de hojas
de albahaca, seca

1 Precalienta el horno a temperatura moderada (180°C/ 350°F). Con un poco de aceite engrasa un recipiente de 23 x 30 cm (9 x 12 in) para horno. Cubre la base con 1 capa de láminas, si es necesario rómpelas para rellenar los huecos.

2 Para la salsa de queso: derrite la mantequilla en una sartén, añade la harina y cuece, revolviendo durante 1 minuto, hasta que esté dorada y burbujee.

3 Añade la leche poco a poco, revolviendo hasta que esté suave después de cada adición. Deja que suelte el hervor, sin dejar de revolver, y reduce a fuego lento. Cocina, sin tapar, por 2 minutos.

4 Retira del fuego, añade el queso y revuelve hasta que se derrita y esté suave. Sazona con sal y pimienta.

5 Para la salsa de carne: en una sartén grande calienta el aceite. Agrega la cebolla y fríe hasta que esté suave y ligeramente dorada, revolviendo ocasionalmente. Agrega el ajo y fríe 1 minuto más.

6 Coloca la carne en la sartén, desmenúzala con un tenedor mientras se cuece. Cuando esté bien dorada agrega los tomates, el vino y las hierbas. Reduce a fuego lento y cocina durante 20 minutos.

7 Coloca un tercio de la salsa de carne sobre las láminas, coloca encima un tercio de la salsa de queso.

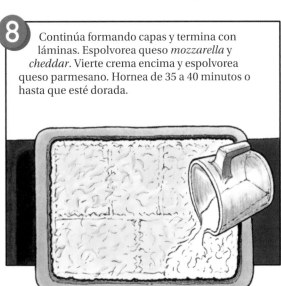

8 Continúa formando capas y termina con láminas. Espolvorea queso *mozzarella* y *cheddar*. Vierte crema encima y espolvorea queso parmesano. Hornea de 35 a 40 minutos o hasta que esté dorada.

Macarrones con queso

Tiempo de preparación:
15 minutos

Tiempo total de cocción:
35 minutos

Porciones 4

60g (2 oz) de mantequilla

2 cucharadas de harina

2 tazas (500ml/ 16 fl oz)
de leche

1 taza (250ml/ 8 fl oz)
de crema

2 tazas (250g/ 8 oz) de queso
cheddar, rallado

½ taza (50g/ 1 ⅔ oz)
de queso parmesano,
recién rallado

375g (12 oz) de macarrones

1 taza (80g/ 2 ⅔ oz)
de pan molido, fresco

1 Precalienta el horno a temperatura moderada (180°C/ 350°F). En una sartén mediana derrite la mantequilla, agrega la harina y cuece durante 1 minuto, revolviendo, hasta que esté dorada y burbujee.

2 Mezcla la leche y la crema, añádelas poco a poco a la sartén, revolviendo hasta incorporar antes de añadir más.

3 Deja que suelte el hervor, sin dejar de revolver, y reduce a fuego lento. Cocina sin tapar durante 2 minutos.

4 Retira del fuego y añade la mitad del queso *cheddar* y del parmesano. Revuelve hasta que se derritan y la mezcla esté suave.

5 Mientras, en una cacerola grande con agua hirviendo cuece los macarrones hasta que apenas estén suaves (12 minutos aproximadamente). Cuélalos bien y regrésalos a la cacerola. Añade la salsa de queso y revuelve para mezclar.

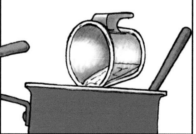
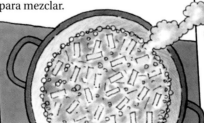

6 Pasa los macarrones a un recipiente para horno. Espolvorea el pan molido mezclado con el resto del queso. Hornea de 15 a 20 minutos o hasta que se doren.

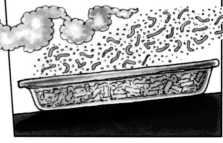

Fettuccine carbonara

Tiempo de preparación:
10 minutos

Tiempo total de cocción:
25 minutos

Porciones 4

8 tiras de tocino

2 cucharaditas de aceite

500g (1 lb) de fettuccine
o tallarines

4 huevos

½ taza (50g/ 1 ⅔ oz) de queso
parmesano, recién rallado

1 taza (250ml/ 8 fl oz)
de crema

1 Quita y desecha las orillas del tocino. Córtalo en tiras finas.

2 Calienta aceite en una sartén, fríe el tocino a fuego medio hasta que esté dorado y crujiente. Retira de la sartén y escurre sobre papel absorbente.

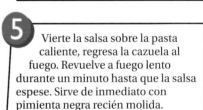

4 Mientras la pasta se cuece, en un tazón pequeño coloca los huevos, el queso y la crema; bate bien con un tenedor. Añade el tocino a la mezcla.

5 Vierte la salsa sobre la pasta caliente, regresa la cazuela al fuego. Revuelve a fuego lento durante un minuto hasta que la salsa espese. Sirve de inmediato con pimienta negra recién molida.

3 En una cacerola grande con agua hirviendo cuece la pasta hasta que esté apenas tierna (aproximadamente 12 minutos). Pásala por un colador y devuélvela a la sartén.

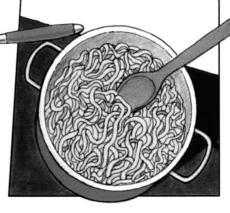

Pay de carne con papas

Tiempo de preparación: 30 minutos

Tiempo total de cocción: 50 minutos

Porciones 2 a 4

2 cucharadas de aceite

30g (1 oz) de mantequilla

1kg (2 lb) de carne magra de res, molida;
o carne de res, finamente picada

1 cebolla grande, picada

1 zanahoria grande, picada

1 taza (125ml/ 4 fl oz) de salsa de tomate

¼ taza (60ml/ 2 fl oz) de caldo de res
o de verduras (página 7)

425g (13 ½ oz) de tomates de lata,
machacados

¾ taza (115g/ 3 ¾ oz) de chícharos

3 papas grandes (1kg aproximadamente)

30g (1 oz) de mantequilla, extra

1-2 cucharadas de leche

1 Precalienta el horno a temperatura moderada (180°C/ 350°F). En una sartén grande calienta la mitad del aceite y la mitad de la mantequilla. Agrega la carne en tandas y cuece a fuego medio, revuelve constantemente hasta que esté bien dorada, desmenúzala con un tenedor mientras se cuece. Retira cada tanda de la sartén, colócala en un tazón y reserva.

2 Añade el resto del aceite y de la mantequilla a la sartén. Agrega cebolla y zanahoria, fríe a fuego medio de 3 a 4 minutos o hasta que estén ligeramente doradas.

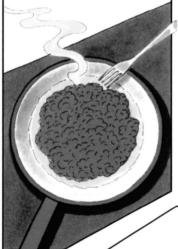

3 Devuelve la carne a la sartén. Agrega la salsa de tomate, el caldo y los tomates sin colar. Deja que suelte el hervor, reduce a fuego lento y cocina de 10 a 15 minutos o hasta que el líquido se reduzca y la mezcla esté espesa.

4 Agrega los chícharos y cuece 2 minutos. Retira la sartén del fuego.

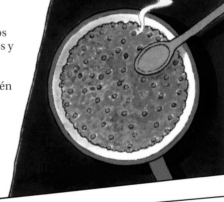

5 Pela y pica las papas. Colócalas en una cacerola grande y cúbrelas con agua. Deja que suelte el hervor y reduce a fuego lento; cuécelas de 10 a 15 minutos o hasta que estén suaves. Mientras más pequeñas las cortes, estarán listas más rápido.

6 Cuela las papas y devuélvelas a la cacerola. Añade la mantequilla extra y la leche, machaca con un machacador hasta que estén suaves y cremosas. Sazona con sal y pimienta.

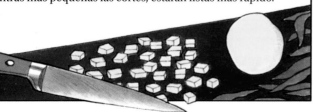

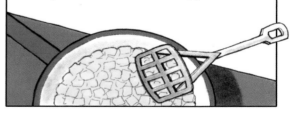

7 Coloca la carne en un recipiente para horno de 1.5 litros de capacidad. Esparce las papas encima con una espátula. Mete el recipiente al horno y hornea durante 20 minutos o hasta que la superficie esté ligeramente dorada. Sirve de inmediato.

Nota

Si no usas carne molida, pícala finamente con un cuchillo grande o muélela en el procesador. La pulpa o el sirloin son los cortes ideales. Este platillo es una forma de utilizar las verduras crudas o cocidas sobrantes. Este pay, por lo general, se hace con carne asada sobrante, picada. Cuando se usa carne de cordero, el platillo se llama *Sheperds pie* ("Pay de pastor").

Risotto

Tiempo de preparación: 10 minutos

Tiempo total de cocción: 30 minutos

Porciones 4 a 6

★ ★

1 litro de caldo de pollo (página 7)

60g (2 oz) de mantequilla

2 cucharadas de aceite de oliva

1 cebolla pequeña,
finamente picada

1 ⅓ tazas (295g/ 9 ½ oz)
de arroz Arborio

½ taza (50g/ 1 ⅔ oz) de queso
parmesano, recién rallado

1 En una cacerola coloca el caldo, deja que suelte el hervor. Reduce a fuego lento y mantenlo hirviendo.

2 En otra cacerola mezcla la mantequilla y el aceite, fríe la cebolla a fuego lento hasta que esté suave.

3 Añade el arroz y fríe, revolviendo, durante unos minutos o hasta que esté bien cubierto por el aceite.

4 Agrega ½ taza (125ml/ 4 fl oz) de caldo al arroz, revuelve hasta que todo el líquido se absorba.

5 Continúa añadiendo el caldo, ½ taza a la vez, revolviendo hasta que se absorba después de cada adición. Esto lleva tiempo, así que no aumentes el fuego porque el líquido se evapora y no se absorbe.

6 Después de añadir todo el caldo, el arroz debe estar cremoso y apenas cocido.

7 Esparce el queso sobre el arroz y déjalo reposar hasta que se derrita.

Chilli vegetariano

Tiempo de preparación:
15 minutos

Tiempo total de cocción:
30 minutos aproximadamente

Porciones 6

¾ taza (130g/ 4 ¼ oz)
de trigo burgol

2 cucharadas de aceite
de oliva

1 cebolla, finamente picada

2 dientes de ajo, machacados

2 cucharaditas de comino,
molido

1 cucharadita de chilli,
en polvo

½ cucharadita de canela,
molida

2 latas de 410g (13 oz)
de tomates, machacados

3 tazas (750ml/ 24 fl oz) de
caldo de verduras (página 7)

440g (14 oz) de frijoles bayos,
de lata, colados

440g (14 oz) de chícharos
de lata, colados

315g (10 oz) de granos
de elote, de lata, colados

2 cucharadas de puré
de tomate

1 En un recipiente resistente al calor coloca el trigo con 1 taza (250ml/ 8 fl oz) de agua caliente. Déjalo reposar hasta usarlo.

2 En una cacerola grande calienta el aceite y añade la cebolla. Fríe a fuego medio durante 10 minutos, revolviendo ocasionalmente, o hasta que esté suave y un poco dorada.

3 Agrega el ajo, el comino, el chilli y la canela, fríe revolviendo durante 1 minuto.

4 Añade el resto de los ingredientes y revuelve para mezclar. Reduce a fuego lento y hierve durante 30 minutos.

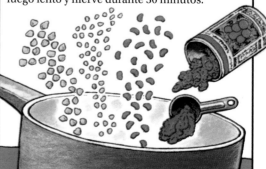

Pay de verduras

1 Pela la calabaza y córtala en trozos de 2cm (¾ in). Pela la papa y córtala en trozos del mismo tamaño. Corta el brócoli y la zanahoria en trozos similares.

2 Quita las semillas y la membrana blanca del pimiento; córtalo en cubos de 2cm (¾ in).

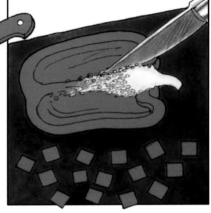

3 En una cacerola grande con agua hirviendo cuece la calabaza, la papa, el brócoli y la zanahoria, en tandas, de 1 a 3 minutos o hasta que estén suaves. Retira con una cuchara coladora y escurre bien; deja enfriar. (Puedes cocerlas en el horno de microondas, en tandas, de 2 a 3 minutos o hasta que estén suaves.)

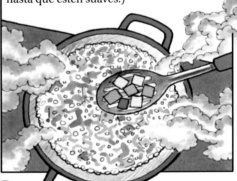

4 Precalienta el horno a temperatura moderadamente caliente (200°C/ 400°F). Forra una charola para horno con papel encerado o aluminio.

5 Mezcla las verduras cocidas, el pimiento, los chícharos, la cebolla y el queso en un tazón grande. Bate el ajo y la mitad de la crema, sazona con sal y pimienta, e incorpora la mezcla a las verduras.

6 Bate el resto de la crema con los huevos. Extiende una lámina en la charola, barnízala con un poco de la mezcla del huevo. Coloca en el centro la mezcla de las verduras, dejando un margen de 4cm (1 ½ in) en el contorno de la lámina.

Tiempo de preparación:
40 minutos

Tiempo total de cocción:
50 minutos aproximadamente

Porciones 4

200g (6 ½ oz) de calabaza

1 papa pequeña

150g (4 ¾ oz) de brócoli

1 zanahoria mediana

½ pimiento rojo pequeño

½ taza (80g/ 2 ⅔ oz) de chícharos congelados

3 cebollas de cambray, picadas

80g (2 ⅔ oz) de queso *cheddar*, rallado

1 diente de ajo, machacado, opcional

½ taza (125ml/ 4 fl oz) de crema

2 huevos

2 láminas de pasta hojaldrada

Semillas de ajonjolí

7 Coloca encima la otra lámina. Presiona las orillas para sellarlas. Dobla hacia arriba las orillas de la lámina inferior y séllalas con un tenedor. Barniza toda la superficie con la mezcla del huevo. Corta una cruz de 2cm (¾ in) en la parte superior y dobla las puntas hacia fuera para hacer un cuadrado pequeño. Espolvorea las semillas de ajonjolí.

8 Hornea de 35 a 40 minutos o hasta que esponje y esté dorada. Retira del horno y vierte el resto de la mezcla del huevo por el cuadrado del pay. Devuelve al horno y hornea por 10 minutos más. Deja reposar 5 minutos antes de cortar y servir.

Filete Diane

Tiempo de preparación: 20 minutos

Tiempo total de cocción:
10 a 12 minutos

Porciones 4

4 bisteces de filete, de 150g
(4 ¾ oz) cada uno

2 dientes de ajo, machacados

Pimienta negra, recién molida

50g (1 ⅔ oz) de mantequilla

4 cebollas de cambray,
finamente picadas

2 cucharaditas de mostaza Dijon

2 cucharadas de salsa inglesa

1 cucharada de brandy

⅓ taza (80ml/ 2 ¾ oz) de crema

2 cucharadas de perejil fresco,
finamente picado

1 Quita el exceso de grasa de cada bistec. Coloca cada uno entre dos trozos de plástico adherente y aplánalos con un mazo para carne o rodillo hasta que tengan 1.5cm (⅝ in) de grosor.

2 Retira el plástico, esparce ajo y pimienta por ambos lados del bistec.

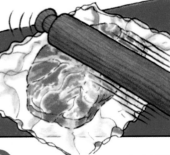

3 En una sartén calienta la mitad de la mantequilla. Fríe los bisteces a fuego alto durante 1 minuto por lado para sellar, voltea sólo una vez. Fríe 1 minuto más por lado para término rojo; 2 minutos por lado para término medio; y de 3 a 4 minutos para bien cocido. Retira de la sartén, cubre y mantén calientes.

4 Calienta el resto de la mantequilla en la sartén, agrega las cebollas y fríelas por un minuto. Agrega la mostaza, la salsa inglesa y el brandy. Revuelve para despegar los asientos del fondo de la sartén.

5 Incorpora la crema; cocina a fuego lento de 3 a 4 minutos o hasta que se reduzca un poco. Añade el perejil. Devuelve la carne a la sartén para calentar bien. Sirve de inmediato con la salsa.

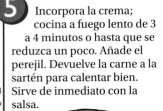

Pollo cacciatore

Tiempo de preparación: 30 minutos

Tiempo total de cocción: 1 hora aproximadamente

Porciones 4 a 6

2 cucharadas de aceite

12 piernas de pollo (aproximadamente 1.25kg/ 2 lb 8 oz)

1 cebolla grande, picada

125g (4 oz) de champiñones pequeños, rebanados

1-2 dientes de ajo, machacados

400g (12 ⅔ oz) de tomates de lata, machacados

¼ taza (60g/ 2 oz) de puré de tomate

½ taza (125ml/ 4 fl oz) de vino blanco

½ taza (125ml/ 4 fl oz) de caldo de pollo (página 7)

1 cucharadita de tomillo, seco

1 cucharadita de orégano, seco

1 Precalienta el horno a temperatura moderada (180°C/ 350°F). Calienta la mitad del aceite en una sartén grande. Fríe las piernas en tandas, a fuego medio, hasta que tengan un color dorado uniforme. Retira de la sartén y pásalas a un recipiente grande para horno.

2 En la misma sartén calienta el resto del aceite y fríe la cebolla a fuego medio hasta que esté suave.

3 Añade los champiñones y el ajo. Fríe de 3 a 5 minutos más o hasta que doren. Agrega los tomates sin colar, el puré de tomate, el vino, el caldo y las hierbas. Sazona con sal y pimienta. Deja que suelte el hervor, reduce a fuego lento y cocina durante 10 minutos aproximadamente.

4 Vierte la mezcla sobre el pollo. Hornéalo, tapado, durante 40 minutos. Destapa y hornéalo de 15 a 20 minutos más o hasta que el pollo esté suave y bien cocido.

Atún Mornay

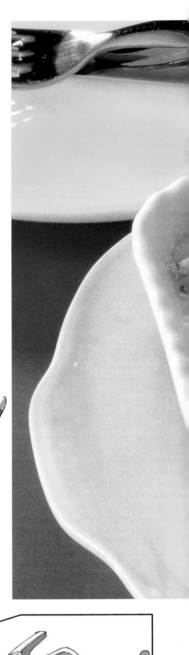

Tiempo de preparación: 25 minutos

Tiempo de cocción: 35 a 40 minutos

(ilustración 1, página 34)

1 ½ tazas (375ml/ 12 fl oz) de leche

1 hoja de laurel

5 granos de pimienta negra

425g (13 ½ oz) de atún de lata, en escabeche

60g (2 oz) de mantequilla

1 cebolla, picada

1 tallo de apio, finamente picado

¼ taza (30g/ 1 oz) de harina

¼ cucharadita de nuez moscada

⅓ taza (80ml/ 2 ¾ fl oz) de crema

2-3 cucharadas de pepinillo, picado, opcional

¼ taza (15g/ ½ oz) de perejil fresco, picado

100g (3 ⅓ oz) de queso *cheddar*, rallado

½ taza (40g/ 1 ⅓ oz) de pan molido, fresco

1 Precalienta el horno a temperatura moderada (180°C/ 350°F). En una cacerola mediana coloca la leche, el laurel y la pimienta. Deja que suelte el hervor y retira inmediatamente del fuego. Deja que se impregne durante 15 minutos. Cuela y reserva la leche (que ahora tiene el sabor del laurel y la pimienta.)

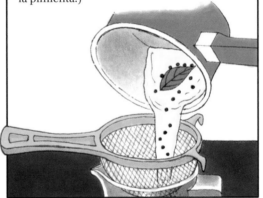

2 Cuela el atún y reserva el líquido. Desmenuza el atún (separa la carne) con un tenedor.

3 En una sartén mediana calienta la mantequilla. Agrega la cebolla y el apio, fríe revolviendo durante 5 minutos o hasta que se suavicen. Incorpora la harina y cocina durante 1 minuto.

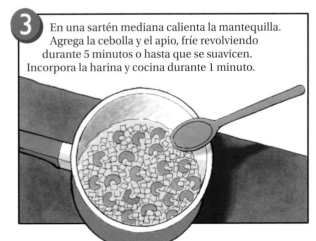

4 Retira la sartén del fuego, añade gradualmente la leche y el líquido del atún. Regresa a la estufa, revuelve constantemente a fuego lento hasta que hierva y espese. Cocina a fuego lento de 2 a 3 minutos.

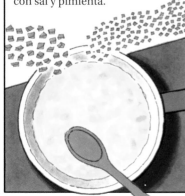

5 Añade nuez moscada, crema, pepinillos, perejil y la mitad del queso. Retira del fuego y añade el atún. Sazona con sal y pimienta.

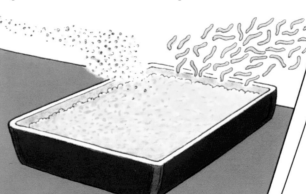

6 Pasa la mezcla a un recipiente para horno de 3 tazas (750ml/ 24 fl oz) de capacidad. Espolvorea el resto del queso y el pan molido. Hornea durante 15 minutos o hasta que esté dorado. Sirve con arroz o pasta.

Nota

En lugar de atún puedes usar salmón de lata. Para darle más sabor añade granos de elote de lata o espárragos picados.

Pescado con limón

Tiempo de preparación:
10 minutos

Tiempo total de cocción:
5 minutos

Porciones 4

★

4 filetes de pescado grandes
u 8 filetes pequeños

20g (⅔ oz) de mantequilla

Un poco de aceite de oliva

Rodajas de limón

Albahaca o tomillo limón,
fresco, picado

1 Quita cualquier espina de los filetes. Retira la piel.

2 En una sartén grande de teflón calienta la mantequilla y un poco de aceite. Cuando burbujee agrega los filetes (hazlo en tandas si es necesario). Fríe de 2 a 3 minutos por lado o hasta que se separe cuando le encajes un tenedor. El tiempo de cocción varía dependiendo del tipo de pescado y del tamaño de los filetes.

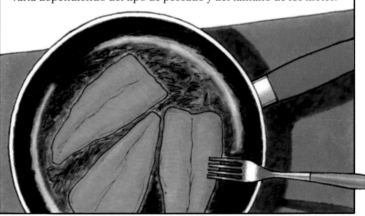

3 Baña cada filete con un poco de jugo de limón. Espolvorea las hierbas frescas, sazona con sal y pimienta. Sirve de inmediato.

Nota

Esta receta es adecuada para cualquier tipo de pescado. Trata de usar un pescado diferente cada vez que la prepares y así descubrirás cuáles prefieres. Los pescados varían en sabor, desde el suave hasta el oleaginoso y fuerte. Pide consejo al vendedor cuando vayas a comprarlo. No olvides enjuagarlo bajo el chorro de agua fría y secarlo con papel absorbente antes de cocinarlo.

Curry de cordero

Tiempo de preparación: 30 minutos
Tiempo total de cocción: de 1 ¼ a 1 ¾ horas
Porciones 4 a 6

1kg (2 lb) de cordero, sin hueso
1 cucharada de aceite
o mantequilla clarificada
2 cebollas, picadas
2 dientes de ajo, machacados
2 chiles verdes, picados
1 cucharada de jengibre fresco, rallado
1 ½ cucharaditas de cúrcuma
1 cucharadita de comino, molido
1 cucharada de cilantro, molido
1 cucharadita de chile, en polvo
1 cucharadita de sal
400g (12 ⅔ oz) de tomates de lata, picados
1 taza (250ml/ 8 fl oz) de leche de coco

1 Corta la carne en cubos de 3cm (1 ¼ in).

2 En una sartén grande de base gruesa calienta aceite o mantequilla. Fríe la cebolla, revolviendo, hasta que esté suave. Agrega el ajo, el chile y las especias. Fríe durante 30 segundos.

3 Agrega la carne y cuece, revolviendo, a fuego alto hasta que toda la carne esté bien cubierta con la mezcla de especias.

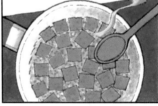

4 Añade la sal y los tomates. Tapa y hierve a fuego lento de 1 a 1 ½ horas o hasta que la carne esté suave.

5 Añade la leche de coco. Hierve a fuego lento, sin tapar, durante 5 minutos o hasta que la salsa espese ligeramente.

Nota La pierna de cordero con hueso es buena para esta receta. Puedes usar carne de res si lo prefieres. Usa un corte adecuado para estofado, como diezmillo o falda.

Cordero asado con verduras

Tiempo de preparación: 1 hora

Tiempo total de cocción:
1 hora 15 minutos

Porciones 4 a 6

1.5kg (3 lb) de pierna de cordero

12 dientes de ajo, grandes

6 papas grandes, peladas

500g (1 lb) de calabaza, pelada

1 camote grande, pelado

¼ taza (60 ml/ 2 fl oz) de aceite

40g (1 ⅓) de mantequilla

Salsa de menta

¼ taza (60ml/ 2 fl oz) de agua

¼ taza (60g/ 2 oz) de azúcar

2 cucharadas de vinagre

¼ taza (15g/ ½ oz)
de menta fresca, picada

1 Precalienta el horno a temperatura moderada (180°C/ 350°F). Quita el exceso de grasa de la carne. Frota un poco de pimienta contra la piel. Coloca los ajos enteros en el fondo de un recipiente para horno. Pon la carne en una rejilla para rostizar y colócala sobre el recipiente.

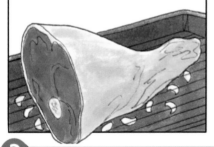

2 Corta la papa, la calabaza y el camote en trozos de tamaño similar. Sécalos con papel absorbente.

4 Coloca las verduras en el recipiente de la mantequilla, barniza con una brocha o voltéalas para cubrirlas con la mezcla. Hornea durante 50 minutos o hasta que estén bien cocidas y doradas, volteando una vez. Calcula el tiempo de cocción de las verduras para que termine al mismo tiempo que la carne.

3 Hornea la carne durante 1 hora 15 minutos para término medio-rojo. Mientras, calienta el aceite y la mantequilla en otro recipiente para horno durante 5 minutos o hasta que estén bien calientes.

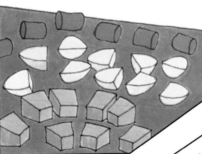

5 Para hacer la salsa: en una sartén pequeña mezcla el agua y el azúcar. Revuelve a fuego medio hasta que el azúcar se disuelva. Deja que suelte el hervor, reduce a fuego lento y hierve durante 3 minutos. Retira del fuego, añade vinagre y menta. Deja enfriar un poco y reserva en una jarra.

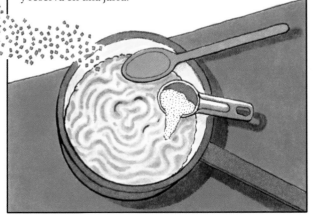

6 Saca la carne del horno cuando esté cocida y cúbrela con papel aluminio. Déjala reposar de 5 a 10 minutos antes de rebanar. Sirve las rebanadas con el ajo, las verduras y la salsa de menta. Si quieres hacer *gravy* ve la receta en la página 9.

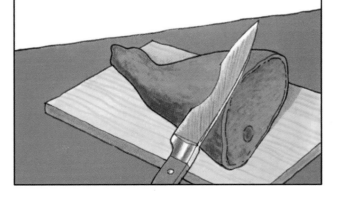

Pollo con salsa cremosa de champiñones

Tiempo de preparación:
15 minutos

Tiempo total de cocción:
25 minutos

Porciones 4

30g (1 oz) de mantequilla

4 pechugas de pollo

350g (11 ¼ oz) de champiñones,
rebanados

½ taza (125ml/ 4 fl oz) de caldo
de pollo (página 7)

½ taza 125ml/ 4 fl oz) de crema

1 diente de ajo, machacado

1 cucharada de cebollín fresco,
picado

1 En una sartén derrite mantequilla, fríe los filetes, 2 a la vez, a fuego medio durante 4 minutos por lado o hasta que estén dorados.

2 Pasa el pollo a un plato, cúbrelo con papel aluminio y mantenlo caliente.

3 Agrega los champiñones al líquido de la sartén y cuece, revolviendo ocasionalmente, durante 5 minutos o hasta que estén suaves.

4 Añade el caldo, la crema y el ajo y deja que suelte el hervor. Cocina durante 2 minutos o hasta que la salsa espese un poco, revolviendo ocasionalmente.

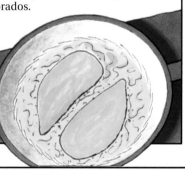

5 Añade el cebollín y sirve la salsa sobre los filetes de pollo.

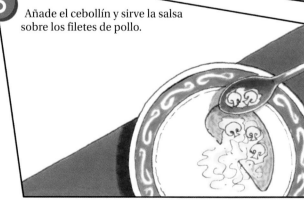

Arroz frito

Tiempo de preparación: 20 minutos

Tiempo total de cocción: 10 minutos

Porciones 4

2 cucharadas de aceite

2 huevos, ligeramente batidos

1 cebolla, cortada en gajos finos

250g (8 oz) de jamón,
rebanado, picado

1 ⅓ tazas (295g/ 9 ½ oz) de arroz,
cocido, completamente frío

¼ taza (40g/ 1 ⅓ oz)
de chícharos, congelados

4 cebollas de cambray, picadas

2 cucharadas de salsa de soya

250g (8 oz) de camarones pequeños,
cocidos, pelados

1 En una sartén grande o wok calienta 1 cucharada de aceite y fríe los huevos como *omelette*, voltea y fríe del otro lado.

2 Retira el *omelette* de la sartén, enfría un poco y pica en trozos pequeños o tiras.

3 Calienta el resto del aceite en la sartén, agrega la cebolla y fríe revolviendo hasta que esté transparente. Añade el jamón y fríe revolviendo un minuto más.

4 Agrega el arroz y los chícharos, fríe revolviendo durante 4 minutos o hasta que esté bien caliente y ligeramente dorado.

5 Añade el *omelette*, la cebolla de cambray, la salsa de soya y los camarones, cocina 1 minuto. Sirve de inmediato.

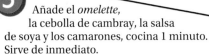

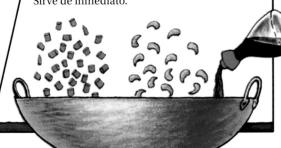

Costillas barbecue

Tiempo de preparación: 30 minutos + tiempo para marinar

Tiempo total de cocción: aproximadamente 30 minutos

Porciones 4 a 6

1kg (2 lb) de costillar de cerdo

2 tazas (500ml/ 16 fl oz) de salsa de tomate

½ taza (125ml/ 4 fl oz) de jerez

2 cucharadas de salsa inglesa

2 cucharadas de salsa de soya

2 cucharadas de miel

3 dientes de ajo, machacados

1 cucharada de jengibre fresco, rallado

3 Agrega las costillas a la mezcla. Deja que suelte el hervor, reduce a fuego lento y cocina, tapada, durante 15 minutos. Voltea las costillas con frecuencia para que se cuezan de manera uniforme.

1 Con un cuchillo grande y filoso corta el costillar en trozos de 3 o 4 costillas.

2 En una cacerola grande mezcla la salsa de tomate, el jerez, la salsa inglesa, la salsa de soya, la miel, el ajo y el jengibre.

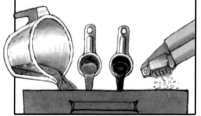

5 Coloca las costillas en la rejilla o charola ligeramente engrasada de la parrilla. Cuece en la parte más caliente durante 15 minutos, volteando y barnizando ocasionalmente con la salsa. Sirve de inmediato.

4 Pasa las costillas y la salsa a un recipiente que no sea de metal, deja enfriar. Cubre con plástico adherente y refrigera durante varias horas o toda la noche.

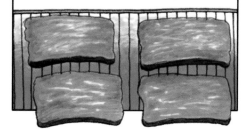

Tortitas de salmón

Tiempo de preparación: 25 minutos
+ 1 hora para refrigerar

Tiempo total de cocción: 15 minutos

Porciones 4

300g (9 ⅔ oz) de papas,
peladas y cortadas en cubos

2 latas de 200g (6 ½ oz) de salmón,
colado, sin espinas, sin piel

2 cebollas de cambray,
finamente picadas

3 cucharadas de perejil, picado

2 cucharaditas de
salsa de chile dulce

1 cucharada de jugo de limón

Harina para cubrir

2 huevos, ligeramente batidos

1 taza (100g/ 3 ⅓ oz)
de pan molido, seco

Aceite, para freír

1 Cuece las papas en agua hirviendo hasta que estén suaves. Retira el agua, colócalas en un tazón y machácalas hasta hacerlas puré.

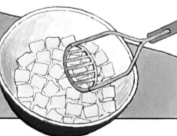

2 Añade el salmón, las cebollas, el perejil, la salsa de chile y el jugo de limón, revuelve para mezclar.

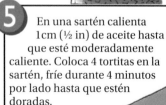

3 Divide la mezcla en 8 porciones iguales. Con las manos mojadas forma tortitas redondas.

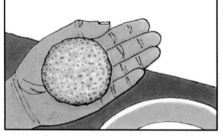

4 Cubre las tortitas con un poco de harina, sumerge cada una en el huevo y empaniza con pan molido. Cubre con plástico adherente y refrigera durante 1 hora.

5 En una sartén calienta 1cm (½ in) de aceite hasta que esté moderadamente caliente. Coloca 4 tortitas en la sartén, fríe durante 4 minutos por lado hasta que estén doradas.

6 Escurre sobre papel absorbente, mantén calientes mientras fríes el resto.

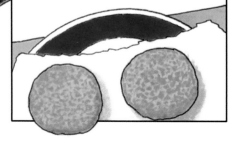

Sándwiches, hamburguesas y otras botanas

Ya no tienes que salir de tu casa para disfrutar de tu comida favorita

Hamburguesa con todo

Tiempo de preparación:
25 minutos

Tiempo de cocción:
30 minutos

Rinde 4

Carne

500g (1 lb) de carne de res, molida

1 cebolla, finamente picada

1 huevo, ligeramente batido

⅓ taza (25g/ ¾ oz) de pan molido, fresco

2 cucharadas de salsa de tomate

2 cucharadas de salsa inglesa

Toppings

30g (1 oz) de mantequilla

2 cebollas grandes, cortadas en aros

4 rebanadas de queso *cheddar*

4 tiras de tocino

4 huevos

4 bollos grandes para hamburguesa, en mitades

4 hojas de lechuga, cortado en tiras

1 jitomate grande, rebanado

4 aros de piña

Salsa de tomate

1 En un tazón coloca todos los ingredientes para la carne. Mezcla con las manos hasta que estén bien incorporados.

2 Divide la mezcla en 4 porciones y forma tortitas.

3 En una sartén calienta la mantequilla, fríe los aros de cebolla hasta que estén suaves y dorados. Reserva y mantén calientes.

4 Cuece las tortitas en la sartén durante 4 minutos por lado. Coloca una rebanada de queso sobre cada tortita para que se derrita un poco.

5 En otra sartén fríe el tocino (sin mantequilla) hasta que esté crujiente; fríe los huevos (fríe un par a la vez).

6 Tuesta los bollos bajo la parrilla caliente de 3 a 5 minutos, coloca las bases en platos para servir. Sobre cada base coloca lechuga, jitomate, piña y una tortita de carne. Encima pon cebolla, tocino, huevo, salsa de tomate y la tapa.

Pan tostado francés

1 Rompe los huevos en un plato grande, añade leche y extracto de vainilla. Bate con un tenedor o batidor de globo hasta mezclar bien.

2 Corta el pan por la mitad en diagonal. En una sartén derrite la mitad de la mantequilla. Cuando comience a burbujear remoja una pieza de pan en el huevo, escurre el exceso y colócala en la sartén.

3 Fríe de 1 a 2 minutos. Cuando la parte inferior esté dorada, voltea el pan y fríe del otro lado.

4 Pasa el pan a un plato caliente y cúbrelo con papel aluminio. Añade mantequilla a la sartén si es necesario y fríe el resto del pan. Sirve con un poco de canela y azúcar. También son deliciosos con jarabe de maple.

Tiempo de preparación: 10 minutos

Tiempo total de cocción:
12 minutos aproximadamente

Porciones 2

☆ ☆

2 huevos

1 taza (250ml/ 8 fl oz) de leche

½ cucharadita de extracto
de vainilla

4 rebanadas de pan, gruesas,
del día anterior

40g (1 ⅓ oz) de mantequilla

Canela y azúcar, para servir

Polenta

Tiempo de preparación: 10 minutos

Tiempo total de cocción: 20 minutos

Porciones 6

1 ⅓ tazas (350ml/ 11 fl oz) de caldo
de pollo (página 7)

1 taza (250ml/ 8 fl oz) de agua

1 taza (150g/ 4 ¾ oz) de polenta
(harina de maíz)

½ taza (50g/ 1 ⅔ oz) de queso
parmesano, recién rallado

Aceite de oliva, para cocinar

3 Sigue revolviendo hasta que una cuchara se detenga en la mezcla y la polenta no se quede en las orillas de la sartén (aproximadamente 15 minutos).

1 Con papel aluminio forra un molde redondo de 20cm (8 in). Barnízalo con un poco de aceite.

2 En una sartén mediana mezcla el caldo y el agua, deja que suelte el hervor. Añade la polenta en un chorro fino, revolviendo constantemente.

4 Incorpora el queso a la polenta. Pasa al molde, empareja la superficie y refrigera durante 2 horas o hasta que cuaje.

5 Desmolda y retira el papel. Corta en rebanadas o cuadros.

6 Barniza las rebanadas con un poco de aceite y caliéntalas en la parrilla hasta que se doren, o fríelas en un poco de aceite. Sirve con verduras asadas.

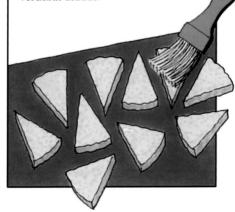

Hot cakes

1 Cierne la harina, la sal y el polvo para hornear en un tazón grande. Haz un pozo en el centro.

2 Coloca los huevos, la leche y el extracto de vainilla en una jarra. Bate con un tenedor hasta que estén bien mezclados.

Tiempo de preparación:
5 minutos

Tiempo total de cocción:
20 minutos aproximadamente

Rinde 8 aproximadamente

 ☆ ☆

2 tazas (250g/ 8 oz) de harina

Pizca de sal

1 ½ cucharaditas
de polvo para hornear

3 huevos

1 ½ tazas (375ml/12 fl oz) de leche

½ cucharadita de extracto
de vainilla

50g (1 ⅔ oz) de mantequilla,
derretida y un poco fría

Mantequilla

Jarabe de maple y fruta,
para servir

3 Añade la mezcla de la leche y la mantequilla derretida a la harina, revuelve bien. La mezcla debe ser un poco grumosa. No revuelvas demasiado para que no queden duros.

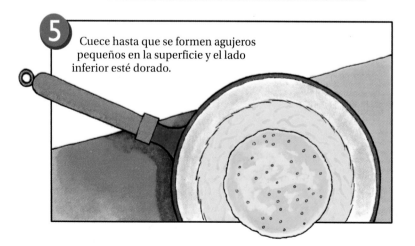

4 En una sartén a fuego medio derrite ½ cucharadita de mantequilla. Coloca ¼ de taza (60ml/2 fl oz) de la mezcla en la sartén, debe extenderse hasta formar un círculo de 14cm (5 ½ in) de diámetro.

5 Cuece hasta que se formen agujeros pequeños en la superficie y el lado inferior esté dorado.

6 Voltea el hot cake y cuece un minuto más hasta que se esponje. No lo aplanes con la espátula.

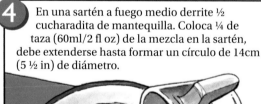

7 Si vas a servirlos juntos mantenlos calientes en un plato cubiertos con papel aluminio en el horno, a temperatura muy baja, mientras cueces el resto.

Nota

Son deliciosos si los sirves con mantequilla batida y jarabe de maple. También puedes servirlos con plátano rebanado, fresas o kiwi o fruta de lata. Otra opción es añadir moras frescas a la mezcla justo antes de cocerla.

Nachos con frijoles

1 Precalienta el horno a temperatura moderada (180°C/ 350°F). Enjuaga los frijoles y cuélalos bien. En una cacerola mediana combina los frijoles con la salsa, revuelve a fuego medio hasta que estén calientes.

2 Divide la mezcla en 4 platos para horno. Coloca los totopos y el queso rallado encima.

3 Coloca los platos en el horno y déjalos un rato, hasta que el queso se derrita.

4 Para servir, coloca la salsa extra sobre el queso, el aguacate y una cucharada de crema encima. Sirve de inmediato.

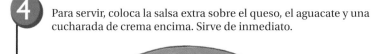

Tiempo de preparación:
10 minutos

Tiempo total de cocción:
5 minutos

Porciones 4

440g (14 oz) de frijoles bayos, de lata

⅓ taza (90g/ 3 oz) de salsa de jitomate

250g (8 oz) de totopos

2 tazas (250g/ 8 oz) de queso *cheddar*, rallado

1 ½ tazas (375g/ 12 oz) de salsa de jitomate, extra

1 aguacate, rebanado

⅓ taza (90g/ 3 oz) de crema agria

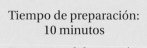

Pizzas gourmet

Tiempo de preparación:
20 minutos

Tiempo total de cocción:
25 minutos

Rinde 4

★

¾ taza (150g/ 4 ¾ oz)
de tomates deshidratados,
en aceite

1 diente de ajo, machacado

1 cucharada de piñones

4 bases para pizza individual

1 cebolla morada,
finamente rebanada

2 jitomates, en rebanadas

4 corazones de alcachofa,
en cuartos

150g (4 ¾ oz) de queso feta

1 Precalienta el horno a temperatura alta (210°C/ 415°F). Cuela los tomates y reserva ¼ de taza (60ml/ 2 fl oz) del aceite, si no hay suficiente completa con aceite de oliva.

2 En un procesador de alimentos o licuadora coloca los tomates, el ajo y los piñones; licúa hasta moler bien. Sin apagar el motor añade el aceite en un chorro fino para hacer una pasta suave.

3 Coloca las bases sobre una charola para horno ligeramente engrasada. Unta la pasta de tomate, coloca encima la cebolla, las rodajas de jitomate y las alcachofas.

4 Desmenuza el queso sobre las pizzas, hornea durante 15 minutos o hasta que la costra esté dorada.

Quiche Lorraine

Tiempo de preparación: 45 minutos + tiempo para refrigerar

Tiempo total de cocción: 55 minutos

Porciones 4

1 ¼ tazas (155g/ 5 oz) de harina, cernida

100g (3 ⅓ oz) de mantequilla fría, picada

2-3 cucharadas de agua fría

Relleno

3 tiras de tocino, finamente rebanadas

60g (2 oz) de queso gruyer o suizo, rallado

3 huevos

½ taza (125ml/ 4 fl oz) de crema

½ taza (125ml/ 4 fl oz) de leche

Pizca de nuez moscada

Cebollín, picado, opcional

1 En un tazón grande mezcla la harina y la mantequilla. Con los dedos frota la mantequilla contra la harina hasta que parezca migajas de pan.

2 Revolviendo con un chuchillo añade gradualmente suficiente agua para mezclar. Coloca la masa sobre una superficie enharinada y amasa ligeramente hasta que esté suave.

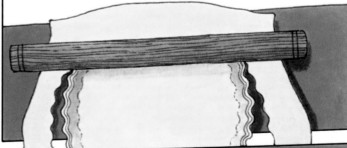

3 Coloca la masa entre 2 hojas de papel para hornear del tamaño del molde desmontable de 23cm (9 in) engrasado.

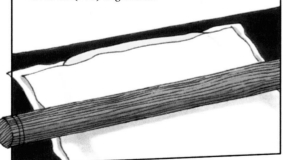

4 Precalienta el horno a temperatura moderada (180°C/ 350°F). Coloca la masa en el molde, quita las orillas pasando un rodillo encima del molde. Refrigera durante 15 minutos.

5 Coloca una hoja de papel para hornear sobre la base. Rellena con frijoles o arroz crudos. Hornea por 10 minutos. Retira el papel y el relleno. Hornea la base durante 10 minutos más. Retira del horno y deja enfriar por completo.

6 En una sartén fríe el tocino a fuego medio hasta que esté crujiente. Reparte sobre la base. Coloca encima el queso.

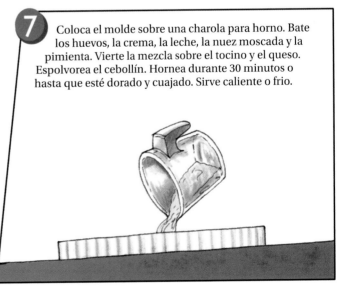

7 Coloca el molde sobre una charola para horno. Bate los huevos, la crema, la leche, la nuez moscada y la pimienta. Vierte la mezcla sobre el tocino y el queso. Espolvorea el cebollín. Hornea durante 30 minutos o hasta que esté dorado y cuajado. Sirve caliente o frio.

Sándwich de filete de pollo

Tiempo de preparación: 30 minutos

Tiempo total de cocción: 8 minutos

Rinde 4

4 filetes de pechuga de pollo

½ taza (60g/ 2 oz) de harina

2 huevos

1 taza (100g/ 3 ⅓ oz)
de pan molido, seco

2 cucharadas de aceite de oliva

1 barra de pan baguete

4 hojas de lechuga

1 aguacate, rebanado

⅓ taza (90g/ 3 oz) de mayonesa

1 Quita la grasa del pollo. Aplana un poco con un rodillo.

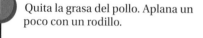

2 Coloca harina en un plato extendido, bate ligeramente los huevos en un tazón y pon el pan molido en otro plato extendido. Revuelca el pollo en la harina y quita el exceso. Uno a uno, remoja los filetes en el huevo y cúbrelos con el pan, presionando firmemente. Quita el exceso.

3 En una sartén calienta aceite, fríe el pollo durante 4 minutos por lado o hasta que esté dorado y bien cocido. Escurre sobre papel absorbente.

4 Corta el pan en 4 trozos y ábrelo horizontalmente. Tuéstalo un poco en la parrilla caliente.

5 Coloca la lechuga y el aguacate en cada base, agrega el pollo encima y una cucharada de mayonesa. Coloca la tapa.

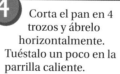

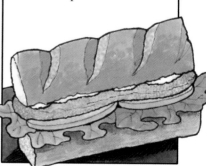

T.L.J.

Tiempo de preparación:
15 minutos

Tiempo total de cocción:
5 minutos

Porciones 2

4 tiras de tocino

4 rebanadas de pan, gruesas

1 ½ cucharadas de mayonesa

2 hojas de lechuga, grandes

1 jitomate pequeño

1 Quita las orillas del tocino, corta cada tira a la mitad. Calienta una sartén y fríe el tocino hasta que esté dorado y crujiente. Escurre sobre papel absorbente.

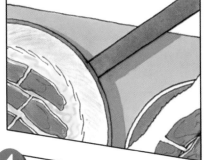

2 Tuesta el pan, unta mayonesa en cada rebanada.

3 Corta en tiras finas la lechuga, rebana el jitomate.

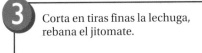

4 Coloca lechuga, jitomate y tocino en 2 rebanadas, tapa con las otras rebanadas.

5 Corta los sándwiches en triángulos y sirve de inmediato.

Nuggets de pollo con salsa para dipear

Tiempo de preparación: 30 minutos +
30 minutos para refrigerar

Tiempo total de cocción: 30 minutos

Porciones 6

✫

4 filetes de pechuga de pollo

½ taza (60g/ 2 oz) de harina

1 cucharada de condimento para pollo

2 huevos

1 ½ tazas (150g/ 4 ¾ oz) de pan molido, seco

Aceite, para freír

Salsa para dipear

1 taza (250ml/ 8 fl oz) de jugo de piña

3 cucharadas de vinagre de vino blanco

2 cucharadas de salsa de soya

2 cucharadas de azúcar morena clara

2 cucharadas de salsa de tomate

1 cucharada de maicena

1 cucharada de agua

 Corta el pollo en tiras de 2cm (¾ in) de ancho. En una bolsa de plástico mezcla la harina y el condimento; agrega el pollo.

2 Agita la bolsa para cubrir uniformemente el pollo, sácalo de la bolsa y retira el exceso.

3 Bate un poco los huevos en un tazón, coloca el pan molido en otra bolsa de plástico.

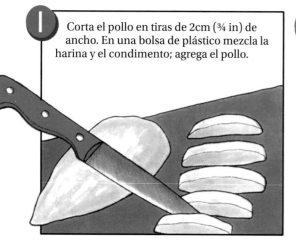

4 Separa unas cuantas tiras, sumérgelas en el huevo y mét015as a la bolsa para cubrirlas con el pan. Pásalas a un plato y repite con el resto del pollo. Refrigera durante 30 minutos mínimo.

5 En una sartén grande calienta 3cm (1 ¼ in) del aceite. Fríe el pollo, en tandas, de 3 a 5 minutos o hasta que esté dorado. Escurre sobre papel absorbente.

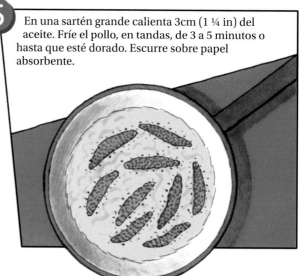

6 Para la salsa: mezcla el jugo, el vinagre, la soya, el azúcar y la salsa de tomate en una cacerola pequeña. Revuelve constantemente a fuego lento hasta que el azúcar se disuelva.

7 En un tazón pequeño mezcla la maicena y el agua, revuelve hasta integrar bien. Añade a la cacerola, sigue revolviendo constantemente, hasta que la mezcla hierva y espese. Reduce a fuego lento y hierve durante 2 minutos más.

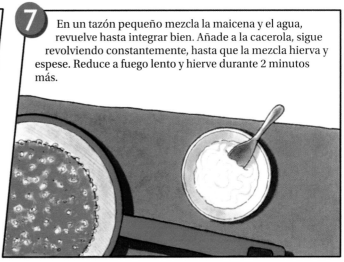

Frittata

Tiempo de preparación: 20 minutos

Tiempo total de cocción: 25 minutos

Porciones 6

1kg (2 lb) de papas

2 cucharadas de aceite de oliva

1 cebolla grande, finamente picada

4 huevos

1 Pela las papas y córtalas en cubos de 2cm (¾ in). En una cacerola grande con agua hirviendo cuece las papas hasta que apenas estén suaves, cuela y deja enfriar ligeramente.

2 En una sartén de teflón de 25cm (10 in) calienta el aceite. Fríe la cebolla a fuego medio o hasta que esté suave y ligeramente dorada.

3 Agrega las papas, sazona con mucha sal y pimienta negra recién molida. Fríe durante 10 minutos aproximadamente, revuelve con frecuencia para mezclar.

4 Coloca los huevos en una taza y bate bien con un tenedor. Vierte en la sartén moviendo las papas para que el huevo se esparza uniformemente.

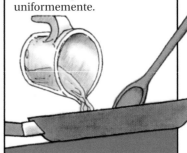

5 Cuece durante 5 minutos o hasta que las orillas y la base del huevo estén cuajadas. Precalienta la parrilla a temperatura moderada.

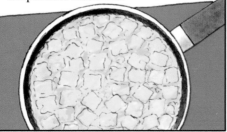

6 Retira la sartén del fuego y ponla bajo la parrilla hasta que cuaje la parte superior.

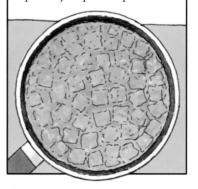

7 Coloca un plato volteado sobre la sartén. Voltea la sartén con cuidado para que la *frittata* caiga sobre el plato. Corta en rebanadas.

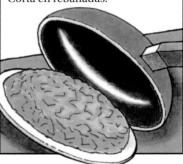

Club sándwich de pollo

Tiempo de preparación: 20 minutos

Tiempo total de cocción: 10 minutos

Rinde 2

★

½ pollo a la *barbecue*

4 tiras de tocino

¼ taza (60g/ 2 oz) de mayonesa

1 cucharada de mostaza
de grano entero

4 rebanadas de pan de centeno

½ aguacate, finamente rebanado

2 hojas de lechuga, rebanadas

1 jitomate, rebanado

1 Quita los huesos y la piel del pollo y desmenúzalo.

2 Fríe el tocino hasta que esté crujiente y dorado. Escurre sobre papel absorbente.

5 Agrega el pollo y el tocino, sazona con sal y pimienta. Coloca las rebanadas encima, corta a la mitad diagonalmente y sirve.

4 Tuesta el pan, unta la mezcla de mayonesa en 2 rebanadas. Coloca encima aguacate, lechuga y jitomate.

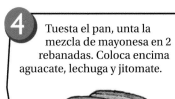

3 En un tazón coloca la mayonesa y la mostaza, revuelve hasta mezclar bien.

Dips y acompañamientos

Hummus

1 En un procesador de alimentos coloca 410g (13 oz) de garbanzos de lata, colados; 2 dientes de ajo, machacados; 3 cucharadas de tahini y 3 cucharadas de jugo de limón; licúa hasta que quede bien molido.

2 Sin apagar el motor del procesador añade gradualmente 3 cucharadas de aceite de oliva y licúa por 1 minuto más o hasta que la mezcla esté suave. Sirve como dip con palitos de verdura o pan pita.

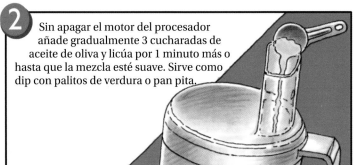

Guacamole

1 Corta 2 aguacates en mitades y quita el hueso con la punta de un cuchillo filoso.

2 Pela y coloca la pulpa en un tazón mediano, machaca con un tenedor hasta que esté suave.

De izquierda a derecha: hummus con papas, verduras y pan lavash; dip de queso crema con hierbas, dip de pepino con yogur y guacamole con verduras; dip de cebolla francesa; dip de elote con pan pita y pan de ajo.

3 Añade 1 cebolla morada finamente picada, 1 jitomate picado, 1 cucharada de jugo de limón y 3 cucharadas de crema agria. Revuelve para mezclar. Sirve como dip con tiras de verdura o con totopos.

Dips rápidos

- Mezcla 250g (8 oz) de crema agria con 1 paquete de sopa de cebolla francesa de 35g (1 ¼ oz).
- Ralla finamente 1 pepino libanés pequeño, quita el exceso de humedad. Coloca en un tazón con 2 dientes de ajo, 200g (6 ½ oz) de yogur natural y 2 cucharaditas de menta picada, revuelve hasta incorporar.
- Mezcla 250g (8 oz) de crema agria con 4 cucharadas de *relish* de elote. Revuelve bien.
- Combina 250g (8 oz) de queso crema suave, 2 cucharadas de mayonesa, 1 diente de ajo machacado y 3 cucharadas de hierbas frescas picadas. Mezcla bien.

Acompañamientos

- Parte 1 pan pita o pan árabe a la mitad, barniza ligeramente con aceite, espolvorea queso parmesano rallado y corta en triángulos. Hornea a 180°C (350°F) durante 5 minutos o hasta que estén crujientes y dorados.
- Corta el pan lavash en triángulos grandes, barniza ligeramente con mantequilla derretida y espolvorea con paprika dulce y sazonador de pimienta con limón. Hornea a 180°C (350°F) durante 5 minutos o hasta que estén crujientes y dorados.
- Corta zanahorias, apio, pepino o pimiento en tiras.
- Rebana finamente una baguete, barniza ligeramente con una mezcla de aceite de oliva y ajo machacado, hornea a 180°C (350°F) hasta que doren.
- Las papas fritas gruesas y cocidas son excelentes para dipear.

Ensaladas y verduras

De esta gran variedad de ensaladas y platillos con verduras puedes elegir algunos para acompañar, y otros como primeros tiempos o platos principales.

Ensalada de pollo mil islas

Tiempo de preparación: 20 minutos

Tiempo total de cocción: -

Porciones 4

1 pollo a la parrilla

1 lechuga francesa

1 aguacate

Aderezo

1 taza (250ml/ 8 oz) de mayonesa

1 cucharada de salsa de chile

1 cucharada de salsa de tomate

¼ taza (45g/ 1 ½ oz) de aceitunas rellenas, picadas

1 cucharada de cebolla, picada

2 cucharadas de pimiento rojo y verde, finamente picado

Rodajas de limón

1 Corta el pollo en porciones individuales y reserva.

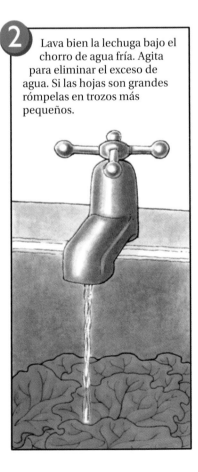

2 Lava bien la lechuga bajo el chorro de agua fría. Agita para eliminar el exceso de agua. Si las hojas son grandes rómpelas en trozos más pequeños.

Ensaladas y verduras 63

3 Corta el aguacate por la mitad a lo largo, gira las mitades en direcciones opuestas para separarlas.

4 De un golpe incrusta el cuchillo en el hueso. Ten mucho cuidado de que no se resbale y te cortes. Gira el hueso para quitarlo. Pela y tira la cáscara. Corta la pulpa en rebanadas finas.

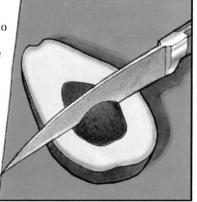

5 Exprime un poco de limón sobre el aguacate para evitar que se oxide. Lo mejor es preparar el aguacate justo antes de servir.

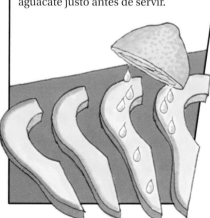

6 **Para hacer el aderezo:** en un tazón mezcla la mayonesa, la salsa de chile, la salsa de tomate, las aceitunas, las cebollas y los pimientos. Revuelve bien, añade un poco de leche si la mezcla está muy espesa.

7 Acomoda el pollo en platos individuales con lechuga y aguacate. Baña con el aderezo y sirve de inmediato.

Ensalada mixta

Tiempo de preparación: 20 minutos

Tiempo total de cocción: -

Porciones 2 a 4

★

1 lechuga escarola

1 manojo de arúgula

1-2 jitomates

1 pepino libanés

1 pimiento verde pequeño

2-3 cucharadas
de cebollín fresco, picado

Vinagreta

⅓ taza (80ml/ 2 ¾ fl oz)
de aceite de oliva

2-3 cucharadas de vinagre
o jugo de limón

1 cucharadita de azúcar

2 Quita el tallo de los jitomates. Córtalos en 8 gajos. Rebana finamente el pepino.

1 Lava bien la lechuga y la arúgula, envuélvelas en una toalla limpia, une los extremos de la toalla y agita para eliminar el exceso de agua. Rompe las hojas en trozos y coloca en un tazón grande para servir.

3 Corta el pimiento a la mitad, quítale las semillas y la membrana. Corta la pulpa en tiras.

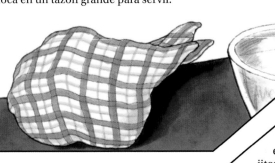

4 Mezcla el pepino, el jitomate, el pimiento y el cebollín con las lechugas.

5 Para la vinagreta: bate aceite, vinagre y azúcar en una taza. Sazona con sal y pimienta. Vierte sobre la ensalada justo antes de servir.

Ensalada griega

Tiempo de preparación:
20 minutos

Tiempo total de cocción: -

Porciones 4

2 jitomates grandes
o 3 pequeños en vaina

1 pimiento verde

1 pepino libanés

250g (8 oz) de queso feta

1 cebolla morada pequeña,
finamente rebanada, opcional

⅓ taza (60g/ 2 oz)
de aceitunas Kalamata

2-3 cucharadas
de jugo de limón

3-4 cucharadas
de aceite de oliva

1 Quita el tallo de los jitomates. Córtalos en 8 gajos.

2 Corta el pimiento a la mitad, quítale las semillas y la membrana. Corta la pulpa en cuadros pequeños.

3 Corta el pepino a la mitad a lo largo y rebana.

4 Corta el queso en cubos pequeños.

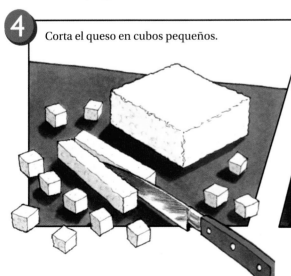

5 En un tazón mezcla jitomate, pimiento, pepino, cebolla, queso y aceitunas. Baña con el jugo de limón y el aceite. Sazona con sal y pimienta negra recién molida. Revuelve un poco para incorporar y sirve.

Ensalada de col

Tiempo de preparación: 20 minutos

Tiempo de cocción: -

Porciones 4

¼ de col verde, pequeña

2 zanahorias medianas

2 tallos de apio

1 cebolla, finamente picada

1 pimiento rojo pequeño,
finamente picado

Aderezo

½ taza (125g/ 4 oz) de mayonesa

1-2 cucharadas de vinagre
de vino blanco

1 cucharadita de mostaza francesa

1 Con un cuchillo filoso rebana finamente la col y colócala en un tazón grande.

2 Ralla las zanahorias con los orificios grandes del rallador. Pica finamente el apio.

3 Añade la cebolla, el pimiento, la zanahoria y el apio a la col. Revuelve bien.

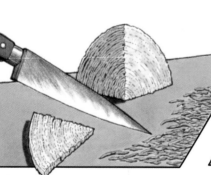

Nota

Otra alternativa es usar el aderezo para ensaladas de col (*Coleslaw*) en botellas; las venden en el supermercado y tiendas *gourmet*.

4 Para el aderezo: bate mayonesa, vinagre y mostaza en un tazón. Sazona con sal y pimienta. Añade a las verduras y revuelve para mezclar. Sirve.

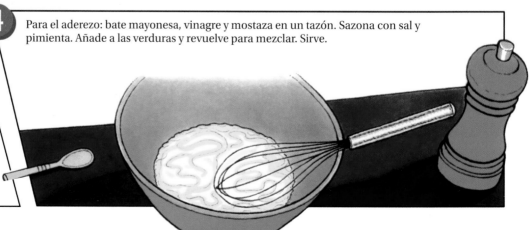

Ensalada de papa

Tiempo de preparación: 20 minutos

Tiempo total de cocción: 5 minutos aproximadamente

Porciones 4

600g (1 ¼ lb) de papas (ver Nota)

1 cebolla pequeña

2-3 tallos de apio, finamente picados

1 pimiento verde pequeño, picado

2 cucharadas de perejil, finamente picado

Aderezo

¾ taza (185g/ 6 oz) de mayonesa

1-2 cucharadas de vinagre o jugo de limón

2 cucharadas de crema agria

I Lava las papas y pélalas si prefieres. Córtalas en trozos de 2cm (¾ in).

2 En una cacerola grande con agua hirviendo cuece las papas durante 5 minutos o hasta que estén suaves. Para verificar que están cocidas perfora varios trozos con la punta de un cuchillo, si sale fácilmente están listas. Cuela las papas, deja que se enfríen por completo.

3 Pica finamente la cebolla. En un tazón grande mézclala con apio, pimiento y perejil, añade las papas frías.

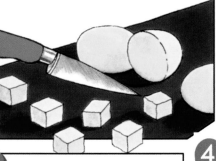

4 Para el aderezo: mezcla la mayonesa, el vinagre o jugo de limón y la crema. Sazona con sal y pimienta al gusto. Para un aderezo más ligero añade un poco más de vinagre o jugo de limón.

5 Vierte el aderezo sobre la ensalada y revuelve para mezclar, ten cuidado de no romper las papas.

Nota

Cualquier tipo de papa se puede utilizar para esta ensalada. No es necesario pelarlas, la mayoría de las papas son deliciosas con piel.

Ensalada César

Tiempo de preparación:
15 minutos

Tiempo total de cocción:
10 minutos

Porciones 4

4 rebanadas de pan blanco

3 tiras de tocino, picado

1 lechuga romana

50g (1 ⅔ oz) de queso
parmesano, en láminas

Aderezo

4 anchoas, picadas

1 huevo

2 cucharadas de jugo de limón

1 diente de ajo, machacado

½ taza (125ml/ 4 fl oz)
de aceite de oliva

1 Precalienta el horno a temperatura moderada (190°C/ 375°F). Quita las costras del pan y córtalo en cubos pequeños.

2 Esparce el pan en una charola para horno, hornea durante 10 minutos o hasta que esté dorado.

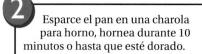

3 En una sartén a fuego medio fríe el tocino hasta que esté crujiente. Escurre sobre papel absorbente.

4 Corta la lechuga en trozos, colócala en un tazón para ensalada con el pan, el tocino y el queso.

5 Para el aderezo: en un procesador de alimentos o licuadora coloca las anchoas, el huevo, el jugo de limón y el ajo. Licúa durante 20 segundos o hasta que esté suave.

6 Sin apagar el motor añade el aceite en un chorro fino y constante hasta que el aderezo esté espeso y cremoso. Baña la ensalada con el aderezo. Sazona con pimienta negra molida.

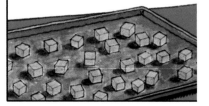

Fritos de elote

Tiempo de preparación:
15 minutos

Tiempo total de cocción:
3 minutos por tanda

Rinde 20

1 ¼ tazas (155g/ 5 oz)
de harina

1 ½ cucharaditas
de polvo para hornear

½ cucharadita de
cilantro, molido

¼ cucharadita de comino, molido

130g (4 ¼ oz) de granos
de elote, de lata, colados

130g (4 ¼ oz) de crema
de elote, sin diluir

½ taza (125ml/ 4 fl oz)
de leche

2 huevos, ligeramente batidos

2 cucharadas de cebollín
fresco, picado

Aceite, para freír

1 En un tazón cierne la harina, el polvo para hornear, el cilantro y el comino. Haz un pozo en el centro.

2 Añade los granos de elote, la crema de elote, la leche, los huevos y el cebollín. Sazona con sal y pimienta, revuelve hasta mezclar bien.

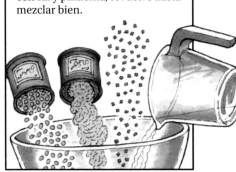

3 En una sartén calienta el aceite. La cantidad depende del tamaño de la sartén —1cm (½ in) de profundidad—. Coloca cucharadas copeteadas de la mezcla y aplana ligeramente. No pongas demasiadas tortitas en la sartén, fríe unas cuantas a la vez.

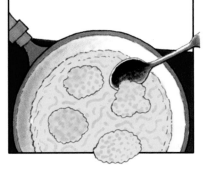

4 Fríe cada tortita durante 2 minutos o hasta que la parte inferior esté dorada. Voltea y fríe 1 minuto más. Escurre sobre papel absorbente.

Ratatouille

1 En una cacerola grande calienta el aceite, añade la cebolla. Fríe a fuego medio, revolviendo ocasionalmente, durante 10 minutos o hasta que esté muy suave y ligeramente dorada.

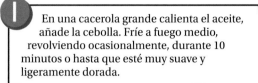

2 Agrega el ajo y fríe 1 minuto más.

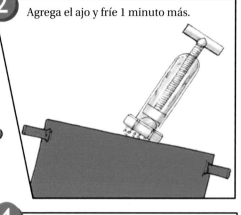

3 Mientras, corta las berenjenas y las calabacitas en rebanadas de 2cm (¾ in) de grosor.

4 Quita las semillas y la membrana blanca de los pimientos, corta la pulpa en cubos de 2cm (¾ in).

Tiempo de preparación:
20 minutos

Tiempo total de cocción:
35 minutos

Porciones 6

✦

2 cucharadas de aceite de oliva

1 cebolla grande, picada

2 dientes de ajo, machacados

3 berenjenas alargadas

3 calabacitas medianas

1 pimiento verde

1 pimiento rojo

3 jitomates grandes, picados

⅓ taza (20g/ ⅔ oz) de albahaca fresca, picada

5 Coloca todas las verduras en la cacerola. Cuécelas revolviendo con frecuencia durante 5 minutos.

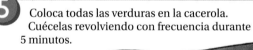

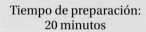

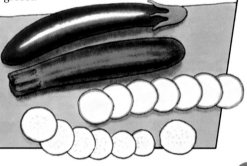

6 Reduce a fuego lento, tapa la cacerola y cuece durante 15 minutos más, revolviendo ocasionalmente.

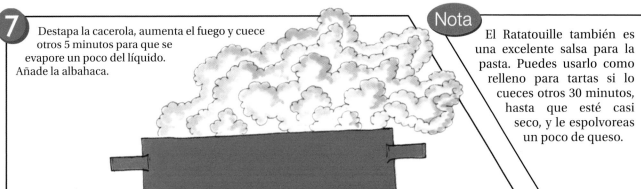

7 Destapa la cacerola, aumenta el fuego y cuece otros 5 minutos para que se evapore un poco del líquido. Añade la albahaca.

Nota

El Ratatouille también es una excelente salsa para la pasta. Puedes usarlo como relleno para tartas si lo cueces otros 30 minutos, hasta que esté casi seco, y le espolvoreas un poco de queso.

Champiñones rellenos

Tiempo de preparación: 15 minutos

Tiempo total de cocción: 25 minutos

Porciones 4

8 champiñones grandes

2 cucharadas de aceite

1 cebolla pequeña, finamente picada

4 tiras de tocino, picadas

1 taza (80g/ 2 ⅔ oz)
de pan molido, fresco

1 cucharada de perejil

⅔ taza (65g/ 2 ¼ oz) de queso
parmesano, rallado

1 Precalienta el horno a temperatura moderada (180°C/ 350°F) y barniza una charola para horno con mantequilla derretida o aceite.

2 Para quitar los tallos, sostén el champiñón en la palma de tu mano y gira el tallo con cuidado. Pícalos finamente.

3 En una sartén calienta el aceite, añade la cebolla y el tocino, fríe hasta que el tocino esté ligeramente dorado. Agrega los tallos y fríe 1 minuto más.

4 Pasa la mezcla a un tazón. Agrega pan molido, perejil y queso; revuelve bien.

5 Coloca los champiñones sobre la charola y rellena con la mezcla. Hornea durante 20 minutos o hasta que estén suaves y el relleno se dore. Sirve de inmediato.

Papas a la francesa al horno

Tiempo de preparación:
15 minutos + 10 minutos
para remojar

Tiempo total de cocción:
45 minutos

Porciones 4

★

6 papas medianas

2 cucharadas de aceite de oliva

Sal

1 Precalienta el horno a temperatura alta (220°C/ 425°F). Pela las papas y córtalas en rebanadas de 1cm (½ in) de grosor.

2 Apila 2 o 3 rebanadas y córtalas en tiras de 1cm (½ in) de ancho.

3 Remoja las papas en agua fría durante 10 minutos. Retírales el agua y sécalas con papel absorbente.

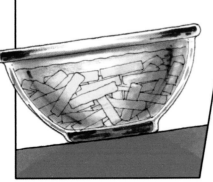

4 Reparte las papas en una charola para horno, rocía con el aceite. Voltéalas para cubrirlas bien.

5 Hornea durante 45 minutos o hasta que estén doradas y crujientes, volteando ocasionalmente. Espolvorea con sal para servir.

Coliflor con queso

Tiempo de preparación: 20 minutos

Tiempo total de cocción: 5 minutos

Porciones 4 a 6

☆ ☆

500g (1 lb) de coliflor,
cortada en racimos

30g (1 oz) de mantequilla

3 cucharaditas de harina

¾ taza (185ml/ 6 fl oz) de leche

½ taza (60g/ 2 oz)
de queso *cheddar*, rallado

⅓ taza (25g/ ¾ oz)
de pan molido, fresco

1 Cuece la coliflor al vapor o en el horno de microondas durante unos minutos, hasta que esté apenas suave. Acomoda en un recipiente para horno.

2 En una cacerola pequeña derrite la mantequilla. Añade la harina y cuece, revolviendo, durante 1 minuto o hasta que esté dorada y burbujee.

3 Agrega poco a poco la leche, revolviendo hasta que esté completamente suave después de cada adición.

4 Después de añadir toda la leche sigue revolviendo a fuego medio hasta que la salsa hierva y espese. Calienta a fuego lento durante 1 minuto, sin dejar de revolver.

5 Retira del fuego, añade casi todo el queso, reserva dos cucharadas. Revuelve hasta que se derrita.

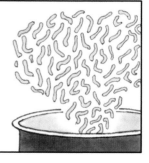

6 Vierte la salsa de queso sobre la coliflor, espolvorea el resto del queso mezclado con el pan.

7 Coloca en la parrilla caliente durante unos minutos hasta que se derrita el queso de la parte superior y el pan esté dorado.

Horneado de papas

Tiempo de preparación: 15 minutos

Tiempo total de cocción: 45 minutos

Porciones 4

⋆

500g (1 lb) de papas

⅔ taza (170ml/ 5 ½ fl oz) de leche

½ taza (125ml/ 4 fl oz) de crema

½ taza (60g/ 2 oz) de queso *cheddar*, rallado

½ cucharadita de nuez moscada

20g (⅔ oz) de mantequilla

3 Coloca las papas en capas en el recipiente, encímalas un poco.

1 Barniza un recipiente cuadrado de 20cm (8 in) para horno con mantequilla derretida o aceite. Precalienta el horno a temperatura moderada (180°C/ 350°F).

2 Pela las papas y córtalas en rebanadas finas.

6 Hornea durante 45 minutos o hasta que las papas estén suaves al verificar con un cuchillo y la superficie esté dorada.

4 Mezcla la leche y la crema, vierte la mezcla sobre las papas.

5 Reparte uniformemente el queso, espolvorea nuez moscada y coloca encima la mantequilla.

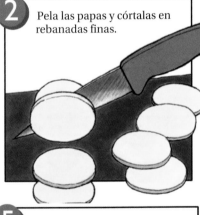

Verduras como guarnición

Puré de papas

Pela 4 papas medianas y córtalas en cubos. Cuécelas en una cacerola grande con agua hirviendo durante 5 minutos o hasta que estén suaves. Retírales el agua, devuelve las papas a la cacerola a fuego lento y machaca mientras se evapora el resto del líquido. Agrega 50g (1 ⅔ oz) de mantequilla y ⅓ de taza (80ml/2 ¾ fl oz) de leche, revuelve con un tenedor hasta que la mezcla esté ligera y esponjosa. Sazona con sal y pimienta al gusto. Rinde 4

Zanahorias con miel

Pela 2 zanahorias medianas, córtalas en rebanadas. Hiérvelas al vapor durante 3 minutos o hasta que estén suaves. Retírales el agua y devuélvelas a la cacerola. Añade 30g (1 oz) de mantequilla y 1 cucharada de miel, revuelve a fuego medio hasta que la mantequilla se derrita y las zanahorias estén bien cubiertas. Porciones 4

Brócoli con almendras tostadas

Separa 400g (12 ⅔ oz) de brócoli en racimos. Corta una cruz pequeña en la base de cada uno. Coloca en una vaporera y ponla (dependiendo del tipo de vaporera) sobre una sartén con agua hirviendo. El agua no debe tocar las verduras. Tapa y cuece durante 2 minutos o hasta que estén de color brillante y apenas suaves. Coloca un poco de mantequilla encima y esparce almendras fileteadas ligeramente tostadas. Porciones 4

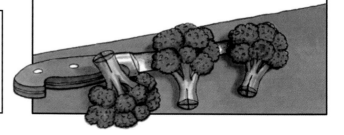

De derecha a izquierda: zanahorias con miel, brócoli con almendras tostadas, puré de papas, espárragos con queso parmesano, betabel glaseado.

Espárragos con queso parmesano

Lava 155g (5 oz) de espárragos, dobla un poco la parte inferior de cada uno para cortarla. Páralos en una cacerola con agua hirviendo durante 2 minutos o hasta que tengan un color brillante. Con unas pinzas voltéalos y sumerge las puntas en el agua durante 30 segundos. Sírvelos bañados con un poco de aceite de oliva y esparce encima queso parmesano recién rallado. Porciones 2 a 4.

Betabel glaseado

Quita las hojas de 1kg (2 lb) de betabel, pero deja 3cm (1 ¼ in) de tallo. Frota bajo el chorro de agua fría con cuidado de no perforar la piel. Cuécelos enteros en agua hirviendo durante 7 minutos o hasta que estén suaves. Déjalos enfriar ligeramente antes de separar los tallos y las puntas. La piel debe salir fácilmente. Usa guantes para evitar que se te manchen los dedos y las uñas.
Devuelve a la cacerola y añade 30g (1 oz) de mantequilla, 1 cucharada de azúcar morena clara, 2 cucharaditas de semillas de hinojo y 1 cucharada de vinagre de malta.
Revuelve a fuego lento hasta que el azúcar se disuelva y el betabel esté bien cubierto. Porciones 4 a 6.

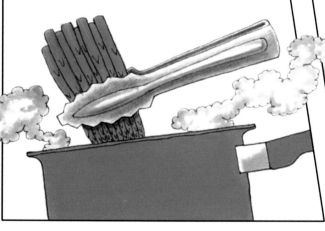

Pimientos rellenos

Tiempo de preparación: 20 minutos

Tiempo total de cocción: 45 minutos

Porciones 4

★ ★

2 pimientos grandes

½ taza (110g/ 3 ⅔ oz) de arroz de grano largo

1 cucharada de aceite de oliva

1 cebolla, finamente picada

2 dientes de ajo, machacados

1 jitomate, picado

1 taza (125g/ 4 oz) de queso *cheddar*, finamente rallado

¼ taza (25g/ ¾ oz) de queso parmesano, finamente rallado

¼ taza (15g/ ½ oz) de albahaca, picada

¼ taza (15g/ ½ oz) de perejil, picado

1 Precalienta el horno a temperatura moderada (180°C/ 350°F). Corta los pimientos a lo largo, quítales las semillas y la membrana blanca.

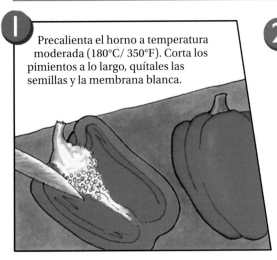

2 En una cacerola grande con agua hirviendo cuece el arroz hasta que esté suave (aproximadamente 12 minutos). Cuela y coloca en un tazón para que se enfríe.

3 En una sartén calienta el aceite, fríe la cebolla durante unos minutos hasta que esté ligeramente dorada. Añade el ajo y fríe por 1 minuto más.

4 Agrega la cebolla y el ajo al arroz junto con el resto de los ingredientes.

Nota Escoge pimientos de tamaño similar con lados planos. Para añadir color a la comida usa pimientos rojos, verdes y amarillos.

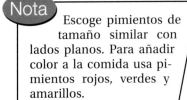

5 Mezcla bien los ingredientes, sazona con sal y pimienta negra recién molida al gusto.

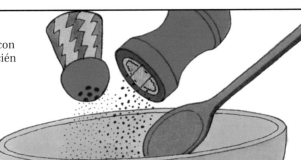

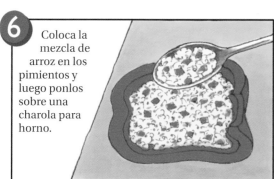

6 Coloca la mezcla de arroz en los pimientos y luego ponlos sobre una charola para horno.

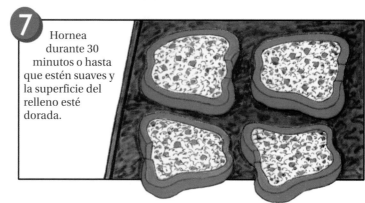

7 Hornea durante 30 minutos o hasta que estén suaves y la superficie del relleno esté dorada.

Stir-fry de verduras chinas

Tiempo de preparación: 15 minutos

Tiempo total de cocción: 7 minutos

Porciones 4

300g (9 ⅔ oz) de col china

100g (3 ⅓ oz) de ejotes

2 cebollas de cambray

150g (4 ¾ oz) de brócoli

1 pimiento rojo mediano

2 cucharadas de aceite

2 dientes de ajo, machacados

2 cucharaditas de jengibre rallado

1 cucharada de aceite de ajonjolí

2 cucharaditas de salsa de soya

1 Lava la col y quita los tallos gruesos. Corta las hojas en tiras anchas.

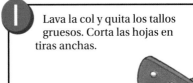

2 Corta los ejotes en tiras de 5cm (2 in) de largo, rebana las cebollas de cambray diagonalmente. Corta el brócoli en racimos pequeños y el pimiento en tiras.

3 En una cacerola grande o wok calienta el aceite. Agrega el ajo y el jengibre, fríe a fuego medio durante 30 segundos, revolviendo ocasionalmente.

4 Agrega los frijoles, la cebolla y el brócoli, fríe revolviendo durante 3 minutos.

5 Añade el pimiento y fríe revolviendo durante 2 minutos más, agrega la col y revuelve 1 minuto más.

6 Incorpora el aceite de ajonjolí y la salsa de soya, revuelve bien. Sirve de inmediato.

Papas hash brown

Tiempo de preparación:
10 minutos

Tiempo total de cocción:
20 minutos

Porciones 4

2 papas medianas

Sal y pimienta

Aceite, para freír

1 Llena una cacerola mediana con agua, deja que suelte el hervor. Pela las papas y córtalas a la mitad.

2 Pon las papas a cocer en la cacerola durante 10 minutos o hasta que estén apenas suaves al perforarlas con un cuchillo. Si las cueces de más quedarán pastosas.

3 Retírales el agua y déjalas enfriar para poder agarrarlas. Ralla las papas, colócalas en un tazón y sazónalas con sal y pimienta. Revuelve bien.

4 Forma tortitas de papa de 10cm (4 in) de diámetro. El almidón de la papa hace que no se separen.

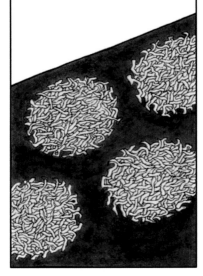

5 Calienta suficiente aceite para cubrir el fondo de una sartén, fríe las tortitas durante unos minutos por lado, hasta que estén doradas y crujientes. Escurre sobre papel absorbente.

Ricos dulces

¿Ya te comiste todas las verduras?
Entonces consiéntete con una
(¡o varias!) de estas delicias dulces

Pavlova de fruta fresca

Tiempo de preparación:
20 minutos

Tiempo total de cocción:
40 minutos

Porciones 6 a 8

★ ★

4 yemas de huevo

1 taza (250g/ 8 oz)
de azúcar extrafina

1 ½ tazas (375ml/12 fl oz)
de crema

1 plátano

250g (8 oz) de fresas

2 kiwis

Pulpa de 2 maracuyás

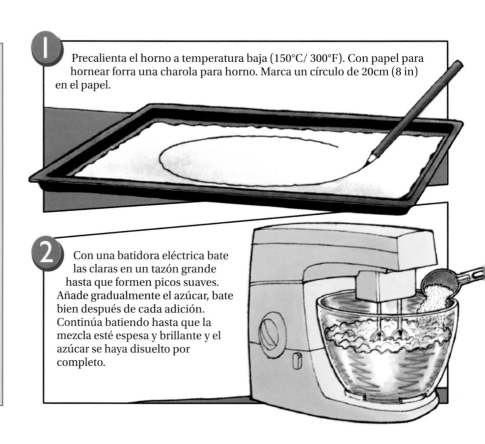

1 Precalienta el horno a temperatura baja (150°C/ 300°F). Con papel para hornear forra una charola para horno. Marca un círculo de 20cm (8 in) en el papel.

2 Con una batidora eléctrica bate las claras en un tazón grande hasta que formen picos suaves. Añade gradualmente el azúcar, bate bien después de cada adición. Continúa batiendo hasta que la mezcla esté espesa y brillante y el azúcar se haya disuelto por completo.

3 Para verificar que se haya disuelto frota un poco de la mezcla entre tus dedos. Debe sentirse muy poco arenosa. Si se siente muy arenosa continúa batiendo unos minutos más.

4 Coloca el merengue dentro del círculo marcado en la charola.

5 Pasa una espátula o cuchillo plano por las orillas y la superficie del merengue para darle forma, marca surcos en la orilla. Esto fortalece los lados y evita que se rompan, además de darle un acabado profesional. Hornea durante 40 minutos. Apaga el horno y deja que el merengue se enfríe por completo sin sacarlo.

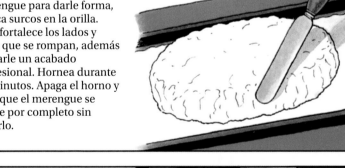

6 Bate la crema hasta que forme picos suaves. Pela y rebana el plátano. Corta las fresas en mitades, pela y rebana el kiwi. Decora con la crema y la fruta. Coloca la pulpa encima y sirve de inmediato.

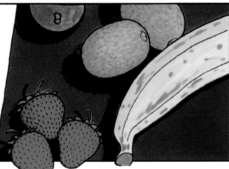

Nota Para hacer Pavlovas individuales marca círculos de 6cm (2 ½ in) y hornea de 10 a 15 minutos.

Cheesecake de limón

1 Con mantequilla derretida o aceite barniza un molde redondo de 20cm (8 in). Forra la base con papel encerado.

2 Coloca las galletas en un procesador de alimentos o licuadora y licúa hasta que estén bien molidas. Agrega las especias y la mantequilla, licúa otro poco para mezclar.

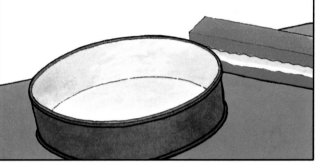

3 Presiona la mitad de la mezcla contra la base del molde.

4 Presiona el resto contra los lados del molde. Usa un vaso de base plana para presionar la mezcla. Refrigera mientras preparas el relleno.

Tiempo de preparación: 40 minutos + tiempo de refrigeración

Tiempo total de cocción: -

Porciones 6 a 8

✮

250g (8 oz) de galletas de miel

1 ½ cucharaditas de especias mixtas

125g (4 oz) de mantequilla, derretida

Relleno

375g (12 oz) de queso crema

1 cucharada de ralladura de limón

2 cucharaditas de extracto de vainilla

400g (12 ⅔ oz) de leche condensada, de lata

½ taza (80ml/ 2 ¾ fl oz) de jugo de limón, fresco

5 Para el relleno: con una batidora eléctrica bate el queso hasta que esté suave y cremoso. Añade la ralladura y el extracto de vainilla. Mezcla bien.

6 Añade gradualmente la leche y el jugo de limón. Bate durante 5 minutos más o hasta que la mezcla esté suave y ligeramente espesa.

7 Vierte el relleno en la base y empareja la superficie. Refrigera durante toda la noche. Coloca crema batida encima, espolvorea nuez moscada y decora con rodajas de limón caramelizado, si quieres (ver Nota).

Nota

Para hacer el limón caramelizado: en una cacerola coloca 1 taza (250g/ 8 oz) de azúcar y ⅓ de taza (80ml/ 2 ¾ fl oz) de agua. Revuelve a fuego lento sin que hierva hasta que el azúcar se disuelva. Deja que suelte el hervor y reduce el fuego. Agrega rodajas finas de limón en tandas. Cuece cada tanda de 5 a 10 minutos o hasta que estén transparentes.

Pastel de dátil

Tiempo de preparación:
30 minutos

Tiempo total de cocción:
40 minutos

Porciones 6 a 8

⭐

½ taza (45g/ 1 ½ oz)
de coco deshidratado

½ taza (115g/ 3 ¾ oz)
de azúcar morena clara,
comprimida

¾ taza (90g/ 3 oz) de harina
con ⅛ cucharadita de polvo
para hornear

¼ taza (30g/ 1 oz) de harina

½ cucharadita
de bicarbonato de sodio

100g (3 ⅓ oz)
de mantequilla

¼ taza (90g/ 3 oz)
de jarabe dorado

1 taza (185g/ 6 oz)
de dátiles, picados

¼ taza (60ml/ 2 fl oz)
de jugo de naranja

2 huevos, ligeramente
batidos

Salsa

80g (2 ⅔ oz) de mantequilla

¼ taza (55g/ 1 ¾ oz)
de azúcar morena clara,
comprimida

1 taza (250ml/ 8 fl oz)
de crema

2 cucharadas
de jarabe dorado

 Precalienta el horno a temperatura moderada (180°C/ 350°F). Con mantequilla derretida o aceite barniza un molde para pastel cuadrado de 20cm (8 in). Forra la base y los lados con papel para hornear.

 Mezcla 2 cucharadas de coco y 2 de azúcar morena, espolvorea sobre la base del molde.

3 Cierne la harina y el bicarbonato en un tazón grande. Añade el resto del coco y haz un pozo en el centro.

4 Mezcla el resto del azúcar, la mantequilla, el jarabe, los dátiles y el jugo en una cacerola. Revuelve a fuego medio hasta que la mantequilla se derrita y el azúcar se disuelva. Retira del fuego.

5 Con una cuchara grande de metal incorpora la mezcla del dátil a los ingredientes secos. Añade los huevos y revuelve hasta que la mezcla esté suave.

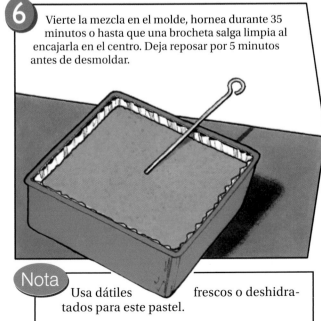

6 Vierte la mezcla en el molde, hornea durante 35 minutos o hasta que una brocheta salga limpia al encajarla en el centro. Deja reposar por 5 minutos antes de desmoldar.

Nota Usa dátiles frescos o deshidratados para este pastel.

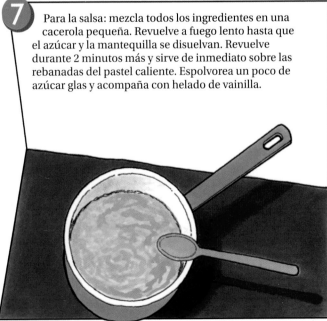

7 Para la salsa: mezcla todos los ingredientes en una cacerola pequeña. Revuelve a fuego lento hasta que el azúcar y la mantequilla se disuelvan. Revuelve durante 2 minutos más y sirve de inmediato sobre las rebanadas del pastel caliente. Espolvorea un poco de azúcar glas y acompaña con helado de vainilla.

Pay de manzana

Tiempo de preparación: 1 hora + tiempo para refrigerar

Tiempo total de cocción: aproximadamente 55 minutos

Porciones 4 a 6

1 taza (125g/ 4 oz) de harina con ¼ cucharadita de polvo para hornear

1 taza (125g (4 oz) de harina

2 cucharadas de galletas, trituradas (opcional)

2 cucharadas de azúcar extrafina

155g (5 oz) de mantequilla fría, picada

1 huevo, ligeramente batido

3-4 cucharadas de agua muy fría

Relleno

8 manzanas grandes (4 rojas, 4 verdes)

4 tiras gruesas de cáscara de limón

1 ramita de canela

8 clavos, enteros

1 ¾ tazas (440ml/ 14 fl oz) de agua

⅓ taza (90g/ 3 oz) de azúcar extrafina

1 Cierne la harina, las galletas y el azúcar en un tazón grande. Con los dedos incorpora la mantequilla al harina hasta que parezca migajas de pan.

2 Haz un pozo en el centro. Con un cuchillo incorpora el huevo y agua muy fría suficiente para unir la mezcla.

3 Coloca sobre una superficie ligeramente enharinada y presiona para formar una pelota. Envuelve en plástico adherente y refrigera durante 20 minutos.

4 Para el relleno: pela las manzanas, quítales el centro y córtalas en trozos grandes. En una sartén mezcla las manzanas con la cáscara de limón, la canela, los clavos, el agua y el azúcar. Tapa y hierve a fuego lento durante 10 minutos o hasta que las manzanas estén suaves y firmes. Retira del fuego, cuela bien y retira la cáscara, la canela y los clavos.

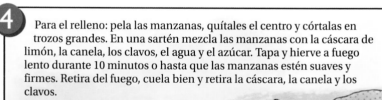

5 Precalienta el horno a temperatura moderada (180°C/ 350°F). Estira dos tercios de la masa entre 2 hojas de papel para hornear de tamaño suficiente para cubrir la base y los lados de un molde engrasado de 23cm (9 in). Coloca la masa en el molde. Refrigera durante 10 minutos.

6 Extiende la masa restante entre 2 hojas de papel para hornear de tamaño suficiente para cubrir la parte superior del molde. Coloca el relleno de manzana en el molde.

7 Barniza las orillas con un poco de huevo batido con leche. Coloca la masa sobre el molde, presiona las orillas para sellar. Recorta las orillas con un cuchillo pequeño y filoso. Presiona las orillas con un tenedor.

8 Usa los sobrantes de la masa para decorar la superficie. Barniza con huevo y leche. Haz varias perforaciones para permitir que salga el vapor. Hornea por 45 minutos o hasta que esté dorado y bien cocido. Espolvorea con azúcar glas y sirve con crema o helado.

Delicia de limón

Tiempo de preparación: 25 minutos	3 huevos, separados
Tiempo total de cocción: 1 hora	1 cucharadita de ralladura de limón
Porciones 4	⅓ taza 40g/ 1 ⅓ oz) de harina con ⅛ cucharadita de polvo para hornear
★ ★	¼ taza (60ml/ 2 fl oz) de jugo de limón
60g (2 oz) de mantequilla	
¾ taza (185g/ 6 oz) de azúcar extrafina	¾ taza (185ml/ 6 fl oz) de leche

1 Precalienta el horno a temperatura moderada (180°C/ 350°F). Con mantequilla derretida barniza un recipiente para horno con capacidad para 4 tazas (1 litro).

2 Con una batidora eléctrica bate la mantequilla, los huevos, las yemas y la ralladura en un tazón pequeño hasta que la mezcla esté ligera y cremosa. Pásala a un tazón mediano.

3 Cierne la harina en el tazón. Agrega el jugo y la leche, revuelve con una cuchara de madera hasta mezclar bien.

4 Coloca las claras en un tazón pequeño y bate con la batidora eléctrica hasta que forme picos suaves.

5 Con una cuchara grande de madera incorpora las claras a la mezcla de la harina. Revuelve bien.

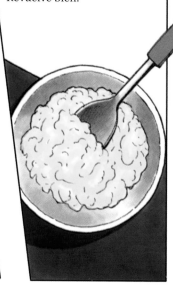

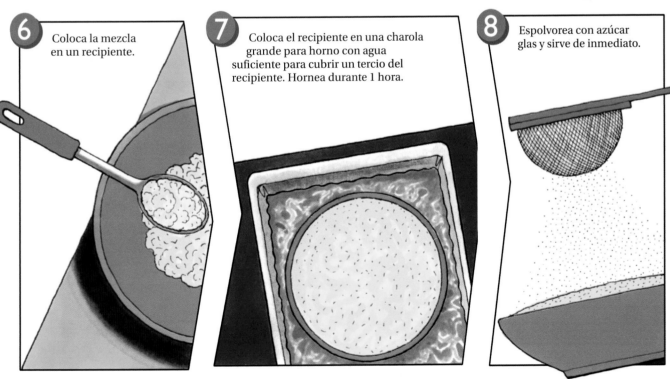

6 Coloca la mezcla en un recipiente.

7 Coloca el recipiente en una charola grande para horno con agua suficiente para cubrir un tercio del recipiente. Hornea durante 1 hora.

8 Espolvorea con azúcar glas y sirve de inmediato.

Pastel gourmet de zanahoria

Tiempo de preparación:
40 minutos

Tiempo total de cocción:
1 hora 30 minutos

Rinde 1 pastel redondo

✯

1 taza (125g/ 4 oz) de harina
con ¼ cucharadita
de polvo para hornear

1 taza (125g/ 4 oz) de harina

2 cucharaditas
de canela, molida

½ cucharadita
de clavos, molidos

1 cucharadita
de jengibre, molido

½ cucharadita de nuez
moscada, molida

1 cucharadita de bicarbonato
de sodio

1 taza (250ml/ 8 fl oz)
de aceite

1 taza rasa (185g/ 6 oz)
de azúcar morena clara

4 huevos

½ taza (175g/5 ⅔ oz)
de jarabe dorado

2 ½ tazas (390g/ 12 ½ oz)
de zanahoria, rallada

½ taza (60g/ 2 oz)
de nueces pecanas, picadas

Glaseado

175g (5 ⅔ oz) de queso crema

60g (2 oz) de mantequilla

1 ½ tazas (185g/ 6 oz)
de azúcar glas

1 cucharadita de extracto
de vainilla

1-2 cucharaditas
de jugo de limón

1 Precalienta el horno a temperatura alta (160°C/ 315°F). Con mantequilla derretida o aceite barniza un molde para pastel redondo de 23cm (9 in). Forra la base con papel para hornear.

2 Cierne las harinas, las especias y el bicarbonato en un tazón grande. Haz un pozo en el centro.

3 Bate el aceite, el azúcar, los huevos y el jarabe en una taza. Incorpora gradualmente a los ingredientes secos, revuelve hasta que la mezcla esté suave.

4 Añade las zanahorias y las nueces. Coloca la mezcla en el molde, empareja la superficie. Hornea durante 1 hora 30 minutos o hasta que una brocheta salga limpia al encajarla en el centro.

5 Deja reposar en el molde durante 15 minutos por lo menos antes de colocarlo en una rejilla para que se enfríe.

6 Para el glaseado: bate queso crema y mantequilla con una batidora eléctrica hasta que esté suave. Añade gradualmente el azúcar alternando con vainilla y jugo, batiendo hasta que la mezcla esté ligera y cremosa. Unta el glaseado en el pastel.

Nota Puedes cortar el pastel horizontalmente, untar glaseado en el medio y el resto en la parte superior.

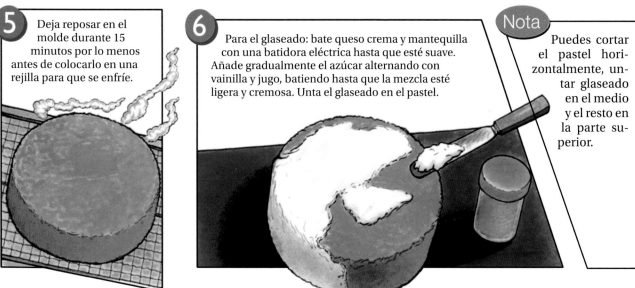

Muffins

Tiempo de preparación:
15 minutos

Tiempo total de cocción:
25 minutos

Rinde 12

☆

2 ½ tazas (310g/ 9 ¾ oz)
de harina con ½
cucharadita
de polvo para hornear

¼ taza (60g/ 2 oz)
de azúcar extrafina

2 cucharaditas de polvo
para hornear

2 huevos

1 ½ tazas (375ml/ 12 fl oz)
de leche o suero de leche

160g (5 ¼ oz) de
mantequilla, derretida

1 Precalienta el horno a temperatura alta (190°C/ 375°F). Barniza una charola para 12 muffins con mantequilla derretida y aceite.

2 Cierne la harina, el azúcar y el polvo para hornear en un tazón. Haz un pozo en el centro.

3 Agrega los huevos batidos mezclados con la leche y la mantequilla. Revuelve con una cuchara de madera hasta que esté casi suave. Los ingredientes deben estar húmedos.

4 Reparte la mezcla en los moldes (si la charola es de 6 moldes, hazlo en 2 tandas).

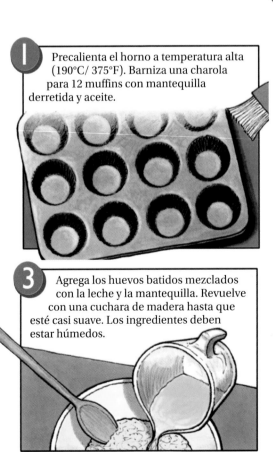

De izquierda a derecha: muffins de plátano, muffins chocolate-chip, muffins de arándanos, muffins básicos, muffins de fresa.

5 Hornea de 20 a 25 minutos o hasta que estén dorados. Para verificar encaja una brocheta en el centro y si sale limpia significa que están listos. Desmolda los muffins y colócalos en una rejilla para enfriar.

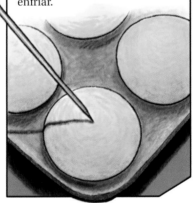

Muffins de plátano

1 Usa la receta para muffins básicos y cierne 2 cucharadas de cocoa en polvo junto con la harina. Agrega 250g (8 oz) de chocolate picado o chispas de chocolate después de la mezcla del huevo. Usa chocolate amargo, de leche o blanco, o una mezcla de los 3. Rinde 12.

2 Reparte la mezcla en los moldes y coloca encima un plátano deshidratado, opcional. Hornea de 20 a 25 minutos. Rinde 12.

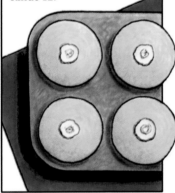

Muffins chocolate-chip

1 Usa la receta para el muffin básico, pero reemplaza el azúcar extrafina con azúcar sin refinar y reduce la cantidad de mantequilla a 100g (3 ⅓ oz). Cuando añadas el líquido agrega 2 cucharadas de canela molida, 1 taza (240g/ 8 ½ oz) de plátano machacado y 3 cucharadas de ralladura de naranja. También puedes usar la mitad de harina integral y la mitad de harina común.

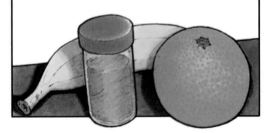

Nota Agrega 155g (5 oz) de bayas frescas a la mezcla del muffin básico. Elige entre zarzamoras, arándanos, frambuesa etcétera.

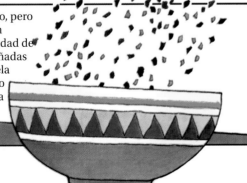

Figuras de jengibre

Tiempo de preparación: 1 hora

Tiempo total de cocción:
aproximadamente 30 minutos

Rinde aproximadamente 16

125g (4 oz) de mantequilla

½ taza rasa (95g/ 3 ¼ oz) de azúcar
morena clara

⅓ taza (115g/ 3 ¾ oz) de jarabe dorado

1 huevo

2 tazas (250g/ 8 oz) de harina

⅓ taza (40g/ 1 ⅓ oz) de harina con
⅛ cucharadita de polvo para hornear

1 cucharada de jengibre, molido

1 cucharadita de bicarbonato de sodio

Glaseado

1 clara de huevo

½ cucharadita de jugo de limón

1 taza (125g/ 4 oz) de azúcar glas

Colorantes vegetales

1 Forra 2 o 3 charolas para horno con papel para hornear. Con una batidora eléctrica bate la mantequilla, el azúcar y el jarabe en un tazón hasta que esté ligera y cremosa. Añade el huevo y bate bien.

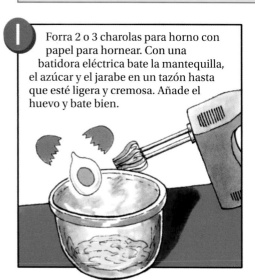

2 Pasa la mezcla a un tazón grande. Cierne las harinas, el jengibre y el bicarbonato. Usa un cuchillo para mezclar.

3 Con las manos enharinadas haz una bola con la masa; amasa sobre una superficie enharinada hasta que esté suave. Si la manipulas demasiado se pondrá dura.

4 Coloca una hoja de papel para hornear sobre una superficie grande. Extiende la masa hasta obtener un grosor de 5mm (¼ in). Precalienta el horno a temperatura moderada (180°C/ 350°F).

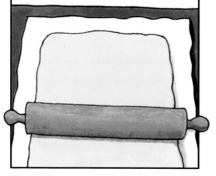

5 Refrigera la masa durante 15 minutos o hasta que esté firme y pueda cortarse. Con cortadores para galleta corta la masa. Reúne los trozos sobrantes, extiende de nuevo y corta más figuras.

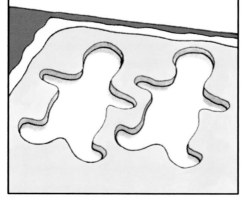

6 Hornea durante 10 minutos o hasta que las figuras estén ligeramente doradas. Déjalas enfriar en las charolas y decóralas con el glaseado.

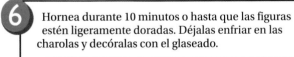

7 Para el glaseado: con una batidora eléctrica bate la clara en un tazón pequeño hasta que forme picos suaves. Gradualmente agrega el jugo de limón y el azúcar glas cernida, bate hasta que esté espeso y cremoso.

8 Reparte el glaseado en varios tazones y pinta con el colorante.

9 Coloca en bolsas pequeñas de plástico (ver página 7) y usa para colorear las galletas.

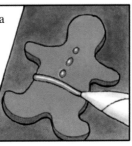

Brownies de chocolate

Tiempo de preparación:
20 minutos

Tiempo total de cocción:
45 minutos

Rinde aproximadamente 30

⅓ taza (40g/ 1 ⅓ oz) de harina

½ taza (60g/ 2 oz) de cocoa
en polvo

2 tazas (500g/ 1 lb) de azúcar

1 taza (125g/ 4 oz) de nueces
pecanas o pistaches, picados

250g (8 oz) de chocolate amargo

250g (8 oz) de mantequilla

2 cucharaditas de extracto de
vainilla

4 huevos, ligeramente batidos

1 Precalienta el horno a temperatura moderada (180°C/ 350°F). Con mantequilla derretida o aceite engrasa un molde de 20 x 30cm (8 x 12 in). Forra la base y los lados con papel para hornear.

2 Cierne la harina y la cocoa en un tazón grande, agrega azúcar y nueces, revuelve bien.

3 Con un cuchillo filoso corta el chocolate en trocitos. Añade a la mezcla del azúcar y haz un pozo en el centro.

4 En el horno de microondas o en una cacerola a fuego lento derrite la mantequilla.

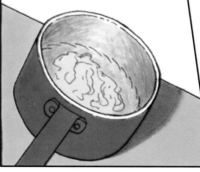

5 Vierte la mantequilla, la vainilla y los huevos a los ingredientes secos. Revuelve hasta que todos los ingredientes estén húmedos y bien mezclados.

6 Vierte la mezcla en el molde, empareja la superficie. Hornea durante 45 minutos. Deja enfriar en el molde y corta en cuadros.

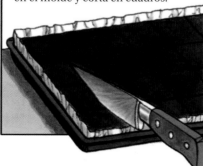

Merengues de coco

Tiempo de preparación: 15 minutos

Tiempo total de cocción:
15 a 20 minutos

Rinde aproximadamente 40

3 claras de huevo

1 ¼ tazas (310g/ 9 ¾ oz)
de azúcar extrafina

½ cucharadita de extracto de coco

2 cucharadas de maicena, cernida

3 tazas (270g/ 8 ¾ oz)
de coco deshidratado

3 Añade gradualmente el azúcar, batiendo constantemente hasta que la mezcla esté espesa y brillante y que todo el azúcar se haya disuelto.

I Precalienta el horno a temperatura media (160°C/ 315°F). Con papel para hornear forra 2 charolas para horno.

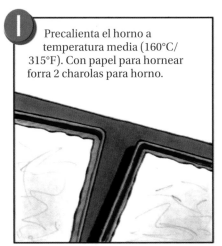

2 En un tazón pequeño coloca las claras. Bate con una batidora eléctrica hasta formar picos suaves.

4 Pasa la mezcla a un tazón grande y con una cuchara de metal incorpora el extracto de coco, la maicena y el coco.

5 Coloca cucharadas de la mezcla en las charolas, con 5cm (2 in) de separación. Hornea de 15 a 20 minutos o hasta que estén ligeramente dorados. Deja enfriar en las charolas antes de servir.

Nota Los merengues se conservan hasta dos días en un recipiente hermético.

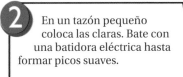

Galletas choco-chip

Tiempo de preparación:
30 minutos

Tiempo total de cocción:
15 minutos

Rinde aproximadamente 25

1 ½ tazas (185g/ 6 oz)
de harina

¾ taza (90g/ 3 oz)
de cocoa en polvo

1 ½ tazas rasas (280g/ 9 oz)
de azúcar morena clara

180g (5 ¾ oz) de mantequilla

150g (4 ¾ oz) de chocolate
amargo, picado

3 huevos, ligeramente batidos

1 taza (175g/ 5 ⅔ oz) de
chispas de chocolate amargo

⅓ taza (60g/ 2 oz) de chispas
de chocolate blanco

150g (4 ¾ oz) de nueces al
gusto, picadas (ver Nota)

1 Precalienta el horno a temperatura moderada (180°C/ 350°F). Forra 2 charolas para horno con papel encerado.

2 Cierne la harina y la cocoa en un tazón grande, añade el azúcar. Haz un pozo en el centro.

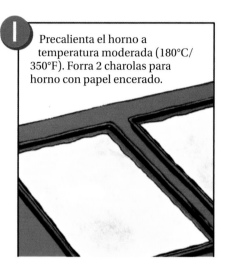

3 En una sartén mediana coloca la mantequilla y el chocolate, revuelve a fuego lento hasta que la mezcla esté suave.

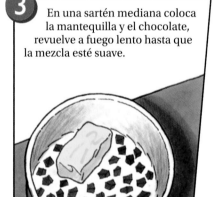

4 Incorpora la mezcla de la mantequilla y los huevos a los ingredientes secos. Revuelve para mezclar bien.

5 Añade todas las chispas y las nueces.

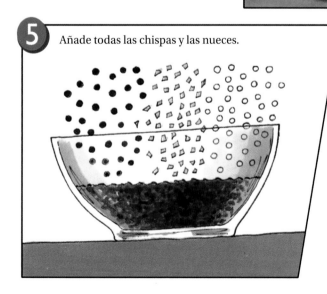

6 Coloca cucharadas copeteadas de la mezcla sobre las charolas. Deja espacio para que se esponjen. Aplana ligeramente con los dedos.

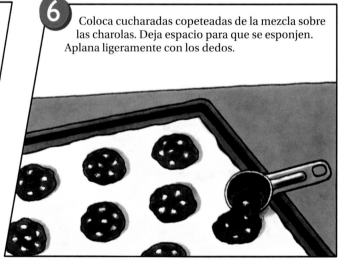

7 Hornea durante 15 minutos. Deja reposar 5 minutos por lo menos antes de pasa a una rejilla.

Nota

Puedes usar nueces de macadamia, pecanas, almendras, nueces de Brasil o pistaches. Puedes agregar chispas de chocolate de leche en lugar de amargo. Si no tienes chispas usa chocolate picado.

Scones

Tiempo de preparación: 20 minutos

Tiempo total de cocción: 12 minutos

Rinde 12

☆

2 tazas (250g/ 8 oz) de harina con ½ cucharadita de polvo para hornear

Pizca de sal

30g (1 oz) de mantequilla, picada

¾ taza (185ml/ 6 fl oz) de leche o suero de leche

Leche extra, para glasear

1 Precalienta el horno a temperatura alta (210°C/ 415°F). Barniza una charola para horno con mantequilla derretida o aceite.

2 En un tazón grande cierne harina y sal. Agrega la mantequilla y frota ligeramente con los dedos hasta que parezca migajas de pan.

4 Coloca sobre una superficie enharinada. Amasa un poco; extiende a un grosor de 1-2cm (½ – ¾ in). Corta círculos con un cortador de 5cm (2 in).

3 Has un pozo en el centro; agrega la leche y mezcla con una espátula hasta obtener una mezcla suave.

De izquierda a derecha: scones de frutas, scones básicos, rollos con especias.

5 Coloca los círculos en la charola. Barniza la parte superior con un poco de leche. Hornea de 10 a 15 minutos o hasta que estén dorados. Sirve con mantequilla, crema batida o mermelada.

Rollos con especias

1 Prepara la masa de los scones básicos. Extiende hasta formar un triángulo de 25 x 40cm (10 x 16 in).

2 Con una batidora eléctrica bate 60g (2 oz) de mantequilla, 2 cucharadas de azúcar morena clara y 1 cucharadita de especias mixtas hasta que esté ligera y cremosa.

Scones de frutas

Usa la masa para los scones básicos y añade ⅓ taza (40g/ 1 ⅓ oz) de pasas antes de incorporar la mantequilla con los dedos. Mezcla bien y añade el líquido.

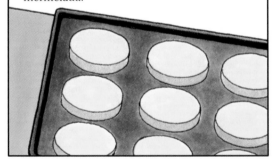

3 Reparte la mezcla sobre la masa y espolvorea 60g (2 oz) de nueces pecanas picadas. Enrolla desde el lado más largo.

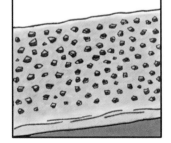

4 Con un cuchillo filoso corta en rebanadas de 3cm (1 ¼ in). Colócalas con el corte hacia arriba en una charola. Hornea durante 12 minutos o hasta que estén dorados. Enfría ligeramente y sirve.

Rebanadas de caramelo

Tiempo de preparación: 40 minutos

Tiempo total de cocción:
aproximadamente 50 minutos

Rinde 18 a 20 piezas

½ taza (60g/ 2 oz) de harina

½ taza (60g/ 2 oz) de harina con ¼
cucharadita de polvo para hornear

1 taza (90g/ 3 oz) de coco
deshidratado

1 taza (115g/ 3 ¾ oz) de azúcar
morena clara, comprimida

100g (3 ⅓ oz) de mantequilla

Relleno

30g (1 oz) de mantequilla

2 cucharadas de jarabe dorado

400g (12 ⅔ oz) de leche condensada

Topping

150g (4 ¾ oz) de chocolate amargo

40g (1 ⅓ oz) de mantequilla

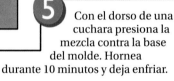

1 Precalienta el horno a temperatura moderada (180°C/ 350°F). Forra la base y los lados de un molde de 28 x 18cm (11 x 7 in) con papel aluminio.

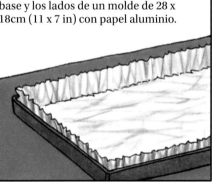

2 En un tazón mediano cierne la harina. Añade el coco y revuelve. Haz un pozo en el centro.

5 Con el dorso de una cuchara presiona la mezcla contra la base del molde. Hornea durante 10 minutos y deja enfriar.

3 En una cacerola mediana mezcla el azúcar y la mantequilla, revuelve a fuego lento hasta que la mantequilla se derrita y el azúcar se disuelva.

4 Vierte sobre los ingredientes secos y revuelve para mezclar.

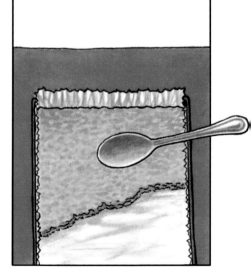

6 Para el relleno: en una sartén mediana mezcla la mantequilla, el jarabe y la leche condensada. Con una cuchara de madera revuelve constantemente a fuego lento hasta que la mantequilla se derrita y la mezcla esté suave. Continúa revolviendo durante 10 minutos más hasta que la mezcla hierva y tome un poco de color dorado.

7 Vierte sobre la base y hornea durante 20 minutos. Retira del horno y deja enfriar por completo.

8 Para el topping: coloca chocolate y mantequilla en un tazón pequeño sobre una cacerola con agua hirviendo a fuego lento. Revuelve hasta que se derritan y la mezcla esté suave.

9 Coloca la mezcla sobre el caramelo y deja que cuaje por completo. Usa el papel aluminio para desmoldar y corta en barras o cuadrados para servir.

Waffles con salsa de caramelo

Tiempo de preparación: 25 minutos

Tiempo total de cocción: 20 minutos

Rinde 8 waffles

2 tazas (250g/ 8 oz) de harina con ½ cucharadita de polvo para hornear

1 cucharadita de bicarbonato de sodio

2 cucharaditas de azúcar

2 huevos

90g (3 oz) de mantequilla, derretida

1 ¾ tazas (440ml/ 14 fl oz) de leche

Salsa de caramelo

100g (3 ⅓ oz) de mantequilla

1 taza (185g/ 6 oz) de azúcar morena clara, un poco comprimida

½ taza (125ml/ 4 fl oz) de crema

1 Precalienta la waflera. Cierne la harina y el bicarbonato en un tazón grande, añade el azúcar y mezcla.

2 En una taza bate los huevos, la mantequilla y la leche. Haz un pozo en el centro de los ingredientes secos y vierte la mezcla del huevo.

3 Bate hasta que esté suave, cubre con plástico adherente y reserva durante 10 minutos.

4 **Para la salsa de caramelo:** incorpora todos los ingredientes en una sartén pequeña. Revuelve a fuego medio hasta que la mezcla esté suave, deja que suelte el hervor, reduce a fuego lento y hierve durante 2 minutos. Reserva.

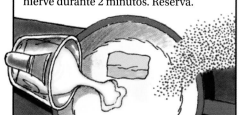

5 Barniza la waflera con mantequilla derretida. Vierte ½ taza (125ml/ 4 fl oz) de la mezcla y extiéndela rápidamente.

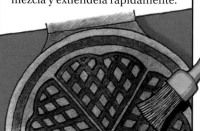

6 Baja la tapa y cuece durante 2 minutos aproximadamente o hasta que esté crujiente y dorado. Repite con el resto de la mezcla. Sirve con helado de vainilla y salsa de caramelo.

Trufas de chocolate

1 En una sartén pequeña mezcla la mantequilla y la crema. Revuelve a fuego lento hasta que la mantequilla se derrita. Deja que suelte el hervor y retira del fuego de inmediato.

2 En un recipiente resistente al fuego coloca el chocolate picado y vierte la mezcla de la crema. Cubre durante 1 minuto y revuelve hasta que el chocolate se derrita y la mezcla esté completamente suave.

3 Si vas a usar extractos (ver Nota), añádelos en este paso. Enfría la mezcla por completo en el refrigerador.

4 Cuando la mezcla esté manejable, toma cucharadas copeteadas y forma pelotitas.

5 Revuelca las pelotitas en el chocolate rallado. Coloca en una charola forrada con papel aluminio y refrigera hasta que estén bien firmes. Son deliciosas acompañadas con café. Se conservan en un recipiente hermético hasta 3 semanas.

Nota Para darles un sabor diferente añade un par de cucharaditas de "extracto" (saborizantes muy concentrados). Prueba extracto de vainilla, de fresa o de naranja. Puedes revolcarlas en cocoa en polvo o en chocolate soluble, en lugar de chocolate rallado.

Tiempo de preparación: 40 minutos + tiempo para refrigerar

Tiempo total de cocción: 4 minutos

Rinde aproximadamente 24

☆

50g (1 ⅔ oz) de mantequilla

⅓ taza (80ml/ 2 ¾ fl oz) de crema

250g (8 oz) de chocolate amargo, picado

100g (3 ⅓ oz) de chocolate amargo, de leche o blanco, rallado

Bocados de choco-malvavisco

Tiempo de preparación: 20 minutos

Tiempo total de cocción:
3 a 4 minutos

Rinde aproximadamente 25 piezas

400g (12 ⅔ oz) de chocolate
amargo, picado

250g (8 oz) de malvaviscos,
de diferentes colores

1 taza (160g/ 5 ¼ oz) de cacahuates,
sin sal, tostados

100g (3 ⅓ oz) de cerezas
caramelizadas, en mitades

½ taza (45g/ 1 ½ oz) de coco
deshidratado, opcional

1 Forra la base y los lados de un molde rectangular de 18 x 28cm (7 x 11 in) con papel aluminio o para hornear.

2 Coloca el chocolate en un recipiente resistente al fuego sobre una sartén con agua hirviendo, revuelve hasta que el chocolate se derrita y esté suave. Retira la sartén del fuego y deja el recipiente encima para mantener suave el chocolate.

3 Esparce un cuarto del chocolate derretido sobre el molde. Acomoda malvaviscos, cacahuates y cerezas sobre el chocolate y presiona un poco para pegarlos. Espolvorea el coco encima.

4 Vierte encima el resto del chocolate de manera uniforme. Golpea un poco sobre la mesa para que el chocolate se distribuya.

5 Refrigera durante 20 minutos o hasta que cuaje. Desmolda con cuidado. Retira el papel y corta en piezas para servir. Refrigera no más de 5 días.

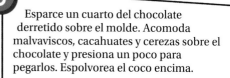
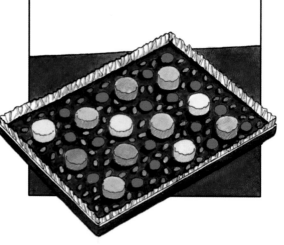

Café helado

Tiempo de preparación:
15 minutos

Tiempo total de cocción: -

Porciones 2

3-4 cucharaditas de café
instantáneo, en polvo

⅓ taza (80ml/ 2 ¾ fl oz) de agua
caliente

4 bolas de helado de vainilla

2 ½ tazas (600ml/ 20 fl oz)
de leche muy fría

1 ¼ tazas (315ml/ 10 fl oz)
de crema

Chocolate soluble,
para espolvorear

3 Coloca 2 cucharadas de helado en cada vaso. Vierte leche fría sobre el helado.

1 Divide el café instantáneo en 2 vasos altos. Ajusta la cantidad de café al gusto. Si lo prefieres fuerte añade un poco más.

2 Vierte la misma cantidad de agua en cada vaso para diluir el café.

Nota Puedes usar café de grano preparado. Haz una jarra pequeña, muy cargado. Refrigera hasta que esté frío. Vierte en los vasos y coloca el resto de los ingredientes encima. Puedes hacer el café, usando toda la leche. Calienta leche en una cacerola hasta que casi hierva, vierte en la cafetera con el café molido y cuela. Vierte a una jarra y enfría.

4 Bate la crema hasta que forme picos suaves y colócala en la parte superior del vaso. Espolvorea un poco de chocolate soluble y sirve de inmediato.

Chocolate caliente

Tiempo de preparación:
10 minutos

Tiempo total de cocción:
3 a 5 minutos

Rinde 2

★

Leche

Chocolate soluble

Malvaviscos y chocolate
rallado, opcional

3 Sirve la leche caliente en los tarros. Agrega de 2 a 3 cucharadas del chocolate soluble en cada tarro. Ajusta la cantidad al gusto. Revuelve para disolver el chocolate.

1 Llena dos tarros con leche para medir la cantidad que necesitas.

2 Vierte en una cacerola mediana y calienta hasta que casi hierva. Cuida que no se derrame.

4 Coloca un par de malvaviscos encima, espolvorea un poco de chocolate rallado y sirve.

Nota

Puedes usar chocolate rallado o cocoa en polvo en lugar del chocolate soluble. Usa de 2 a 3 cucharadas de chocolate rallado por taza. Si usas cocoa añade también un poco de azúcar. También se prepara en el horno de microondas. Calienta la leche en los tarros de 45 segundos a 1 minuto. El tiempo varía un poco dependiendo de la potencia del horno.

Índice

© *Junior Chef*

Murdoch Books UK Limited
Erico House, 6th Floor North, 93-99 Upper Richmond Road, Putney, London SW15 2TG
www.murdochbooks.co.uk

© 2013, Grupo Editorial Tomo, S.A. de C.V.
Nicolás San Juan 1043, Col. Del Valle, 03100, México, D.F.
Tels. 5575-6615, 5575-8701 y 5575-0186 Fax. 5575-6695
www.grupotomo.com.mx
ISBN-13: 978-607-415-593-8
Miembro de la Cámara Nacional
de la Industria Editorial No 2961

Traducción: Lorena Hidalgo Zebadúa
Diseño de portada: Karla Silva
Formación tipográfica: Armando Hernández
Supervisor de producción: Leonardo Figueroa

Este libro se publicó conforme al contrato establecido entre
Murdoch Books UK Limetd y *Grupo Editorial Tomo, S.A. de C.V.*

Impreso en México - *Printed in Mexico*

OCT 1 4 2016